大和 千年の路

榊 莫山

文春新書

158

大和　千年の路

目次

写真提供　岩波書店　櫻本坊　神護寺　東寺　土門拳記念館
名取洋之助　牧野貞之

この他の本文中の写真はすべて著者撮影

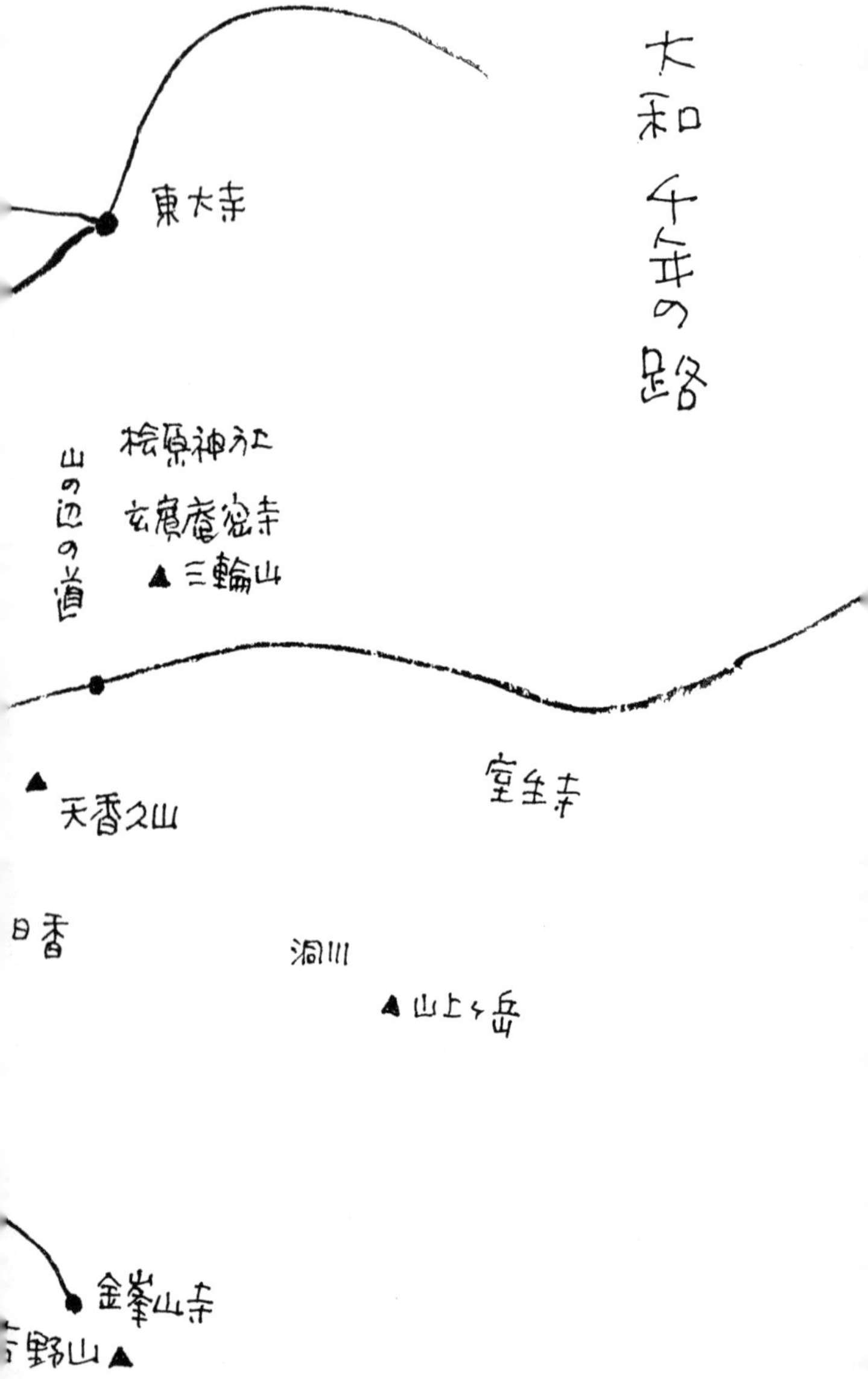

大和千年の路
東大寺
山の辺の道
桧原神社
玄賓庵密寺
三輪山
天香久山
室生寺
日香
洞川
山上ヶ岳
金峯山寺
野山

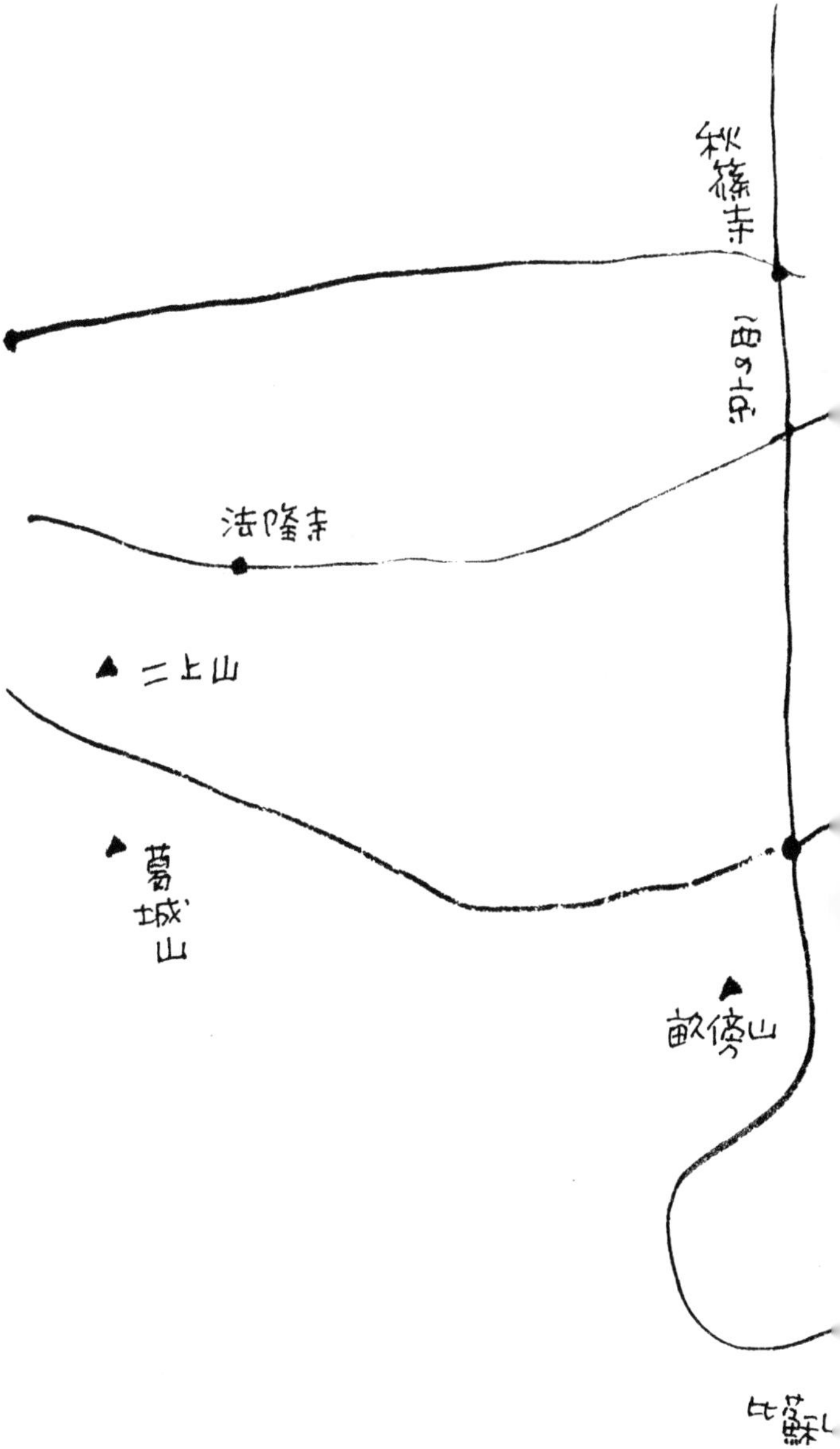
秋篠寺
西の京
法隆寺
二上山
葛城山
畝傍山
比蘇

役小角

えんのおづぬ

吉野山は、サクラで名高い。

サクラの風景は、やわらかくて淡い。だから、吉野の山も、やわらかくておだやかな山か、と思われやすい。

が、じっさいは、そうではない。

吉野山は、きつい坂道と深い谷、そしてきり立つ稜線《りょうせん》の噛《か》みあった山山で、できている。いうなれば、自然のつくった要塞《ようさい》といってよい。

むかし、後醍醐帝が、追われてかくれたのも、この吉野山だった。ここなら足利の兵も押しよせてくることはない——と考えたにちがいない。

きつい自然の起伏と屹立《きつりつ》は、敵をよせつけない凄みをもっていた。この天然の要塞にこもりながら、後醍醐は、

ここにても　雲居の桜　咲きにけり
ただかりそめの　宿と思ふに

と、皇統の奪回を夢みつつ、失意のなかで崩じている。

ことし（二〇〇〇年）、そろそろ四月も終るころ、わたしは、この吉野山をおとずれた。吉野のサクラは、すっかり散りはてて、若葉青葉が山をおおいつくしていた。谷も山も稜線（尾根）も、むかしのままだ。

一九九八年の台風で、蔵王堂《ざおうどう》のあたりの巨木は、ことごとく倒されていた。山山の巨木もまたおなじ。元の姿になるのには、何百年もかかる、と思う。

サクラが散ると、吉野山への人は遠のく。人人は、やはり吉野はサクラでなくては――と思っているからだ。わたしがおとずれた日は、とても寒い日であった。それでも人人は、ワラビを採ったり、イタドリをしがんだりしながら、山の斜面の自然をたのしんでいた。

そして五月。ことしの吉野山は、いつもの年とはちがう。あの役行者《えんのぎょうじゃ》没後一三〇〇年にあたるので、さまざまのセレモニーやイベントがあって、人人でにぎわった。

金峯山寺《きんぷせんじ》の蔵王堂のまえでは、巨大な護摩《ごま》が焚《た》かれ、炎《ほのお》が舞いあがって、人人の煩悩《ぼんのう》も世の乱脈も、ことごとく焼きつくすんだ、と、めらめら燃《も》えていた。

谷をこえて、法螺貝《ほらがい》の音が谷から尾根へとこだましていた。その山の蔵王堂では、経文・呪文《じゅもん》が唱えられ、役行者の霊気をよみがえらせていた。

で、いまなぜ、役行者なのか、わたしは、〝真珠の小箱〟というテレビ番組に呼ばれて、吉野ロケにきていたのである。わたしは、とりわけ役行者にくわしいわけでもなく、修験道の研究をしているわけでもないのだが、テレビは〝いま、なぜ役行者なのか〟をわたしにしゃべれ、というのだ。

わたしが、はじめて役行者にであったのは、この吉野の谷の如意《にょい》輪堂《りんどう》であった。如意輪観音

鎌倉時代のものとされる役行者倚像（吉野・櫻本坊所蔵）

で名高いこの寺で、役小角《えんのおづぬ》は目をむいていた。

役小角は、役行者の本名である。わたしは行者よりも、オヅヌのほうが好きである。如意輪堂ではじめてであった役小角は、顔も軀《からだ》も黒かった。とても印象的だったのは、痩《や》せて、胸のあばら骨がカリカリしている形相であった。

小角のあばら骨カリカリは、この険しい吉野の山に似ていた。この山をかけめぐって、〈山の呪術者《じゆじゆつしや》〉として、食《く》うや食わずの難行苦行をかさねているうちに、あばら骨カリカリになったのだろう。

呪術は、善意と悪意によってなりたつ神秘的なシャーマニズムのことである。ときには天使の姿をみせ、ときには悪魔となって、われらの精神世界にかかわってくるのである。

おそらく、役小角は、けわしい大和の山嶽地帯に棲《す》んで、小集団をつくって徘徊《はいかい》していたと思う。

大峰山《おおみねさん》・吉野山・金剛山・葛城山《かつらぎさん》・二上山《にじようざん》・生駒山など、山の尾根をつたって走りまわった。このあたりが、役小角のホームグラウンドといってよい。

でも、ただ走りまわっているだけだったら、役小角の名もカリスマ性も、現代にまでのこるはずがない。呪術者には、善意と悪意が同居している、といったが、小角はその両方を使いわけながら、修験道のなかで人人をひきつけていったのだ。

が、呪文《じゆもん》や呪術だけで、人人をひきつけることはむずかしい。呪文や呪術で、ころりと参ってしまう人もいるが、ぜんぜん効《き》きめのない人もいる。

それをおぎなったのが、陀羅尼助《だらにすけ》とか丹薬《たんやく》という薬だった。小角は、これを仙人の薬とか秘薬と称して、人人の苦しみを助けた。

なかでも陀羅尼助の陀羅尼というのは、訳すれば〝呪〟となるらしい。しかし、密教的な呪文というのは、とても言葉で説明しきれない。どれほど知恵をしぼっても、説明しようとすればするほど、呪は秘密の世界へかくれてしまう。信じて唱えつづけて、はじめて呪は精神世界へなだれこんでくるらしい。

胃病・腹痛諸病に効く
苦い秘薬、陀羅尼助

そういう名を冠した陀羅尼助は、ふるくから吉野・大峯・高野などで作られ、現代に伝えられている秘薬といってよい。

もともと、山伏や僧が呪文をとなえているとき睡魔におそわれる。この睡魔を防ぐため、口に陀羅尼助を含んだという、とても苦《にが》い苦い薬だった。

もともと、黄蘗《きはだ》の皮とかセンブリの根などを煎《せん》じて作ったこの陀羅尼助は、内臓の諸病によく効く。役小角は、この妙薬を人人に与えて、カリスマ性を手にしていった。

さらに、あわせて丹薬《たんやく》も使った。丹というのは水銀のことである。大量の水銀は、人体に毒となってこわいけれど、少量ならば強烈な殺菌作用をもって、秘薬・仙薬に使われた。梅毒《ばいどく》性潰瘍《かいよう》とか寄生性皮膚病には、とてもよく効くぬり薬だった。これも役小角は秘薬として、人人にわけ与えて、信望をふくらませたのである。かつて、われわれの知っているのに赤チンというぬり薬があった。

赤チンは、色が赤いので赤チンの名で通っていたが、もともと水銀化合物なので、公害関連物質に指定され、製造は禁止されてしまった。

が、マーキュロクロームという薬剤の赤チンは、抜群の細菌発育抑制作用を誇って、人人にひろく親しまれていた。

丹生《にう》と呼ばれる水銀鉱山は、大台ヶ原山系に多くちらばっていた。伊勢の松阪から奈良、和歌山にかけて、丹生と名のつく山や谷、そして聚落や鉱山は数かぎりなくあって、いまにその名をとどめている。

松阪には、丹生大師（水銀空海）とか、高野山には丹生都姫《にうづひめ》（ミス・水銀）の名がのこり、かつて水銀の恩恵に浴した人は、いったい何人いたことやら。

秘薬中の秘薬〝丹薬〟こそ、役小角の神通力を高める不老長寿の神通力をもっていた、と思えてならない。

山には霊気《れいき》があって、神が棲むと思われていた時代。その霊気を身に浴びて、役小角は、おのれの身をしたたかにしていった。

大峯や吉野の山には、清冽な滝が多い。小角は、滝にうたれてシャーマン性をたかめている。いうなれば水の行《ぎょう》に徹したのである。

一方、火の行も手にしていた。細く割った薪《たきぎ》をつみあげて、めらめらとのぼり立つ焔《ほのお》を見つめながら、呪文をとなえつづけている。こういう修行に明け暮れた山林山嶽修行者――役小角とは、いったい何物であったのか。謎につつまれた小角の実像とは、どうなのか。

大和平原のなかに、大和三山と呼ばれる山がある。

畝傍《うねび》山・耳成《みみなし》山・香具《かぐ》山の三つ。どれもさして高い山ではない。が、平原に、三山が浮かぶようにしてならぶさまは、なかなか魅力的である。

どの山を、いちばん好きか――と問われたら、わたしは、「そりゃ、香具山さ」と、答えよう。

なぜか――と問われたら、「姿がよいからよ」と、いいたい。

畝傍山も耳成山も、姿は三角で、山らしい。ひとり香具山だけが、寝そべっているのだ。背はひくく、山というより大きな丘といったほうがよく似合う。

わたしの大和徘徊は、少年のころからずっと今につづいているが、山の姿をちらっと眺めて、よし登ってやれ――と思う山もあれば、ぜんぜんそんな気にならない山もある。役小角とわたしのちがい、といってもよい。

香具山は、眺めていて登ってみたくなる山だった。そして、何度か登ってみたが、なんという想いもわいてこなかった。

それで思ったたな。香具山は、遠くから眺めて、いっぺん登ってみたいな、と思っているのが一番ふさわしい山なのか、と。

よくよく考えてみれば、わたしが香具山にこだわったのは、舒明《じよめい》帝がのこした歌にひっかかったからだろう。

歌は、萬葉集巻第一の巻頭にのこっている。それは、

　天皇、香具山に登りて望国《くにみ》したまふ時の御製歌

大和には　群山《むらやま》あれど　とりよろふ　天《あま》の香具《かぐ》山　登り立ち　国見をすれば　国原は

役小角

天ノ
香具山ヘノ
道ハ
ドングリノ
林ヲ
クグリヌケテ
ユク。

煙《けぶり》立ち立つ　海原は　鷗《かまめ》立ち立つ　うまし国そ　蜻蛉《あきず》島　大和の国は

という、とてもおしゃれな歌である。

大和の百姓の家からは、あわい煙が立ちのぼり、池のあたりではカモメが飛びまわっているし、こんないい気分はないよなあ——というのである。

この舒明帝は、なかなかおしゃれな天皇であった。歌はちゃんとリズムにのっているし、人間と自然が、ほどよく調和して、大和国原をえがいているではないか。

もうそのころ、この香具山に住む人がいたと思う。

男まさりの女帝・持統《じとう》帝の歌に、

春すぎて　夏きたるらし　白たへの
衣ほしたり　天の香具山

という歌が、のちに萬葉集にあらわれるから、舒明のころすでに人はこの山に住んでいた、と考えてもおかしくはない。

この時期、明日香をセンターにして、人人は勃興的なエネルギーにみちみちて暮らしていた。

政治は、律令国家をめざして、血で血を洗う暗闘がくりかえされていた。庶民はそれにあえぐ者、しやぁないといって、人身支配に随おうとする者、いやじゃといって逃亡する者、古代萬葉の時代のエネルギーは、すさまじかった。

天皇だって、入れかわり立ちかわり出没しつづけた。女の強い時代といってよいのか、男の弱い時代といってよいのか。明日香を舞台にした政治のなかに、あらわれた天皇は十。よくもわるくも、○印が女帝であった。

○推古　舒明　○皇極　孝徳　○齊明　天智　弘文　天武　○持統　文武

と、半分が女帝であったのにおどろく。

ついでに言えば、元明帝が文武百官をしたがえて、新都・平城に移ってからの奈良朝も、女性の強い七十年であった。

昭和とあまりかわらない奈良朝七十年に、これまた女帝が、七人中の四人におよんだ。（○印女帝）

○元明　○元正　聖武　○孝謙　淳仁　○称徳　光仁

と、女帝の出没には目をみはるではないか。〝青丹《あおに》よし　奈良の都は　咲く花の　匂《にお》うがごとく……〟とは、よくいったものである。

さて、すこうし話をとってかえそう。あの舒明帝のことである。この舒明は、一風《いっぷう》も二風《にふう》もある帝だった。

詩人的感性のゆたかなことは、すでにのべた。ときには有間《ありま》とか伊予《いよ》の温泉の湯につかりに、出かけている。風流のためか、健康のためだったのかは、わからない。

　さらには、明日香の宮に住みながら、大和平原の西のほうに、百済《くだら》宮と百済大寺を造った。よほど百済という朝鮮の文化に、憧憬しつくしていたにちがいない。
人人は、そのあたりを〝百済野《くだらの》〟と呼んで、あこがれた。

　百済野の　萩の古枝《ふるえ》に　春待つと　居りしウグイス　鳴きにけるかも

と、萬葉集に歌をのこしたのは山部赤人《やまべのあかひと》だった。柿本人麻呂とならぶこの詩人さえ、百済野はあこがれの野であったのだ。

　百済宮も百済大寺も、今はない。どのあたりであったのか。それさえ、さだかではないのだが。

　が、舒明にとっては、気の晴れる野であったにちがいない。さしてひろい野ではないが、西には葛城《かつらぎ》山をひかえ、その北にはラクダのこぶのような二上山。南には金剛山、風景にたいくつはない。

　舒明帝は、狩猟も好きだった。萬葉狩猟隊をひきつれて、この百済野や葛城の山麓をかけめぐっている。鳥も獣も多かった。

　野にかげろうのもえ立つ日、狩猟をおえた舒明は、葛城山麓の茅原《ちはら》の豪族の家に泊った。家には、美しい娘がいた。娘はつねに神仏を信仰し、五辛肉食をさけて、清浄の日日を送ってい

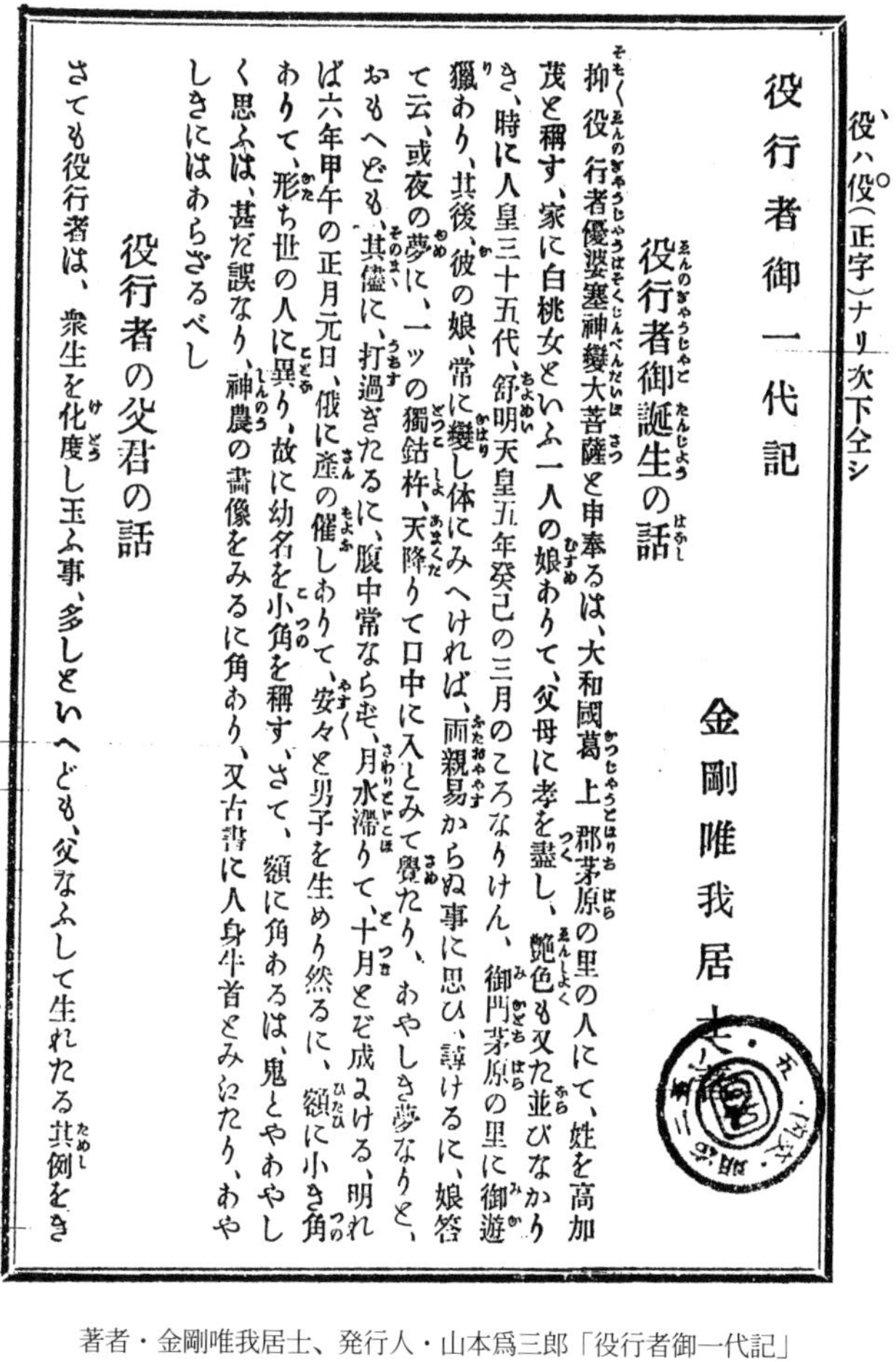
役ハ役゜（正字）ナリ次下仝シ

役行者御一代記

金剛唯我居士

役行者《えんのぎやうじや》御誕生《たんじやう》の話《はなし》

抑《そも〳〵》役行者優婆塞神變大菩薩《えんのぎやうじやうばそくじんべんだいぼさつ》と申奉るは、大和國葛上郡茅原《かつじやうごほりちはら》の里の人にて、姓を高加茂と稱す、家に白桃女といふ一人の娘《むすめ》ありて、父母に孝を盡《つく》し、艶色《えんしよく》も又た並《なら》びなかりき、時に人皇三十五代、舒明《じよめい》天皇五年癸己の三月のころなりけん、御門茅原《みかどちはら》の里に御遊獵《みかり》あり、其後、彼《か》の娘、常に變《かはり》し体にみへければ、両親《ふたおやす》易からぬ事に思ひ、詳けるに、娘答て云、或夜の夢《ゆめ》に、一ッの獨鈷《どつこ》杵《しよ》、天降《あまくだ》りて口中に入とみて覺《さめ》たり、あやしき夢なりと、おもへども、其儘《そのまゝ》に、打過《うちす》ぎたるに、腹中常ならず、月水滯《さわりとゞこほ》りて、十月《とつき》とぞ成《な》ける、明れば六年甲午の正月元日、俄に産《さん》の催《もよふ》しありて、安々《やすく》と男子を生めり然るに、額《ひたひ》に小き角《つの》ありて、形《かた》ち世の人に異《ことな》り、故に幼名を小角《こつの》を稱す、さて、額に角あるは、鬼とやあやしく思ふは、甚だ誤なり、神農《しんのう》の畵像をみるに角あり、又古書に人身牛首とみえたり、あやしきにはあらざるべし

役行者の父君の話

さても役行者は、衆生を化度《けどう》し玉ふ事、多しといへども、父なふして生れたる其例《ためし》をき

著者・金剛唯我居士、発行人・山本爲三郎「役行者御一代記」

た。

娘は、白桃女といった（明治二十五年・山本爲三郎『役行者御一代記』）。さらに、この娘は、「艶色ならびなかりき」と、ある。白桃女は、あたりでは抜群に美しいミス・葛城であった、と思う。

舒明は、この娘をちらっとみて、一目《ひとめ》惚《ぼ》れしてしまう。その一代記によれば、そのとき白桃女は二十八。「春さく花より艶《つや》かなれば、御門《みかど》（帝）近く召して、いつくしみ玉《たま》ふ」と、ある。

そのあと「かの娘、つねに変りし体にみえければ、……腹中常ならず、月水《さわり》滞《とどこお》りて、十月《とつき》とぞ成りにける。明くれば正月元旦、にわかに産《さん》の催しありて、安々《やすやす》と男の子を生めり」と、つづく。

生まれてきた男の子は、こともあろうに、のちの〝役小角《えんのおづぬ》〟。小角は、舒明の落胤《らくいん》であったそうな。

わたしは、なんとなく思いたって、葛城の山麓を歩きたくなった。役小角が生まれたという里のあたりだ。

野にかげろうは立っていなかったが、山はけむって、眠っていた。あたり一面、ぼんやりとして、風景はやわらかい。はるかな昔を想うには、こういう日のほうがよい。

あたりは、大和平原の西のはて、この葛城山の向うは、河内の国である。この大和と河内をわける尾根に、南から金剛山・葛城山・二上山・生駒山が、つらなってうねる。役小角の修験の舞台は、この尾根だった。小角は、この山山をかけめぐり、山の精気を浴びながら、山嶽呪術者の術を身につけていった。

いまは、ロープウェイが葛城の山頂ちかくまで、われわれを運んでくれるが、小角のころは、深い谷をかけめぐり、茂った森をかきわけて、難行苦行をつづけたことだろう。

ロープウェイを降りると、近くに役小角を祀《まつ》った祠《ほこら》がある。わたしは、行者の祠は、拍手をうって拝めばよいのか。いや、お経をとなえて拝むのか。すこし迷った。

どうも、役小角という呪術者は、神のようであり、仏のようでもある。千三百年前の小角自身、そのところは、さしてはっきりしていなかった、と思う。

わたしは、風のそよぐ山上に立って、大和平原を見わたしたが、大和三山は霞《かすみ》のなか。ほんのりとも見えなかった。

大和という国は、まっ先に仏を腹にかかえこんだ国である。神と仏を、うまいぐあいに腹のなかで育てていった。

ところが、明治初年、おどろくべき政令がだされた。——廃仏毀釈《はいぶつきしやく》——仏教をやめて、釈迦の教えなんて潰《つぶ》してしまえ、という政府の命令だ。

この政府の仏教弾圧で、とつぜん大和のすみずみまで、官憲がやってきて、神仏分離令をかかげて、寺院や仏像を潰しにかかった。

お寺の大切な仏さまを、農家の納屋《なや》へかくしたり、お経や什器を、山へ運んでかくしたり、もうそれは大変だった。

しかし、政府がどれだけ神をもちあげて、仏を潰しにかかっても、日本の宗教はずっと神仏混淆《こんこう》をよしとした。日本人の情緒は、神と仏を仲よく調和させつづけてきたし、いまもつづいているといってよい。

しかし政府は、神こそ正義、と仕立てあげて、神国日本の道をひた走った。そして戦争に突入し、神国日本には神風が吹くから、きっと戦争に勝つ、なんていいかげんなことをいいながら、戦争に負けた。

戦争では、多くの青年が死んでいった。わたしも、学徒出陣令によって、学生のまま戦争にかりだされた。生命《いのち》ながらえて、帰ったが、従兄《いとこ》が二人戦死していた。

結婚した女房の兄は、これまた戦死していたし、妹の嫁ぎ先《とつ》の義兄二人も戦死していた。

死んだ彼らは、靖国《やすくに》神社で、神として祀《まつ》られているけれど、生まれ育った生家では、みんな仏さまである。誰も神さまなんて思ってはいない。

じっくり思えば、神仏分離令って何だったのか。どれほど仏教弾圧をしてみたところで、仏

役小角このかた、山上ヶ岳への女性登山はかたくなに閉ざされたまま。大峰山の中心的な行場である

教が潰されてしまうわけがない。葛城山の山の上で、ぼんやり霞む大和平原を眺めながら、そんなことを想っていた。

眼下の町には、役小角の生まれた、という茅原の里がある。眼下は、よく見わたせるのだが、どこが茅原かわからない。

山を下りることにした。ロープウェイを降りて、茅原をとおるバスに乗った。

茅原は、御所《ごせ》市の町はずれにある。農家があって、畑や田があり、いかにも町はずれという風景のなかに、小角が生まれたという寺があった。寺の名は、吉祥草寺。

むかし、このあたりは、掖上村《わきがみむら》茅原《ちはら》といったそうだ。とくべつの風景ではなく、畿内ならどこにでもある町はずれの景色といってよい。

役行者の匂《にお》いをかぎにきたわたしは、寺の石に腰をおろして、ただなんとなくあたりを見ていた。ハトがとび立つでなし、イタチが走るでなし、誰一人いないお寺には、風もなかった。田んぼの畦《あぜ》を、老人が歩いている。もう八十はとっくにすぎた人の歩きぶりである。ゆったりした時の流れる風景から、役小角の幻影は浮かびあがらない。

平原にいて、役小角を想うこと自体、まちがっているのか。小角は徹頭徹尾、山の人である。ならば、やっぱり山へ登らなくてはならぬ。

大和をとりまく山には、もうクマもいないしニホンオオカミもいない。高い山にも車の通れる道が走る。

小角のホームグラウンドであった葛城山も金剛山も吉野山も、いまは季節によって、人があふれる。小角を想うには、季節はずれのその山山へゆくしかない、が、行っても、小角のころの山の風景は少ない。

ならば、と考えたすえ、わたしは山上ヶ岳《さんじょうがたけ》へ行ってみよう、と思いついた。山上ヶ岳は、大《おお》峰山《みねさん》の中心的な行場《ぎょうば》である。吉野山から峰伝いにゆく道と、下市《しもいち》から洞川《どろがわ》を越えてゆく道がある。わたしは、洞川からの道をえらんだ。

山上ヶ岳は、いまも男の山なのだ。女人は寄せつけない山、といってもよい。

が、女人禁制とか女人結界なんていうと、いまどき、女性にたたきのめされかねない。この宗教的タブーは、明治五年（一八七二）の政府布告で、いちおう制度としては、廃止された。さらに、敗戦（昭和二十年）後のデモクラシーによって、タブーはほとんどなくなった。なくなったとしても、世の中には例外というものがある。大峰山の登山口には、いまも〈従《これ》是《より》女人結界〉という禁碑が、あたりをにらみつけている。

役小角このかた、山上ヶ岳への女性登山はかたくなに閉ざされたままである。

ずっと前、わたしがこの登山口で耳にした話を思いだした。話は――テレビの取材で、女優の松島トモ子がやってきて、山の「上まで登らせろ」と、ねばったそうだが、禁制の掟《おきて》はかた

立ちはだかる「従是女人結界」の禁碑。今後はどうなるのか

く、願いはついにかなえられなんだ——と、いうのだ。

さらには、平成十一年（一九九九）奈良県下の、元気のよい女の先生のグループが、禁制を突破して山上ヶ岳の岩の上に立つんだ、といっておしよせた、という記事を新聞でみかけた。「すったもんだの大もめ」と、いう見出しがついていたように思う。

そらそうでしょうな。大相撲の土俵の上へも〈女人をあがらせよ〉というこの時代。女性は男性と同じなのがあたりまえ、という言い分があるのよなあ。

役小角のきりひらいた神仏ハーフの修験道は、きつい。錫杖《しやくじよう》をついて、法螺《ほら》を吹き、けわしい山岳をかけめぐった。錫杖の音は、山で人間を襲う動物を追いはらったり、ときには呪文を唱えるときの楽器でもあった。

山のいただきや谷の底で、行者たちは護摩を焚いて、呪文祈禱に明け暮れた。すべて、霊験に感応しようとする、役小角のイメージであった。山の男ならではの精神世界といってよい。

その行為は、〝火の行《ぎよう》〟と〝水の行〟に象徴されよう。火の行は、護摩を焚いて、煩悩を焼却するという、熱い行で、わたしはめらめらと燃えあがる炎の姿に、仏教的衝動を感じてしまう。

役小角は、炎を身にうけて、熱さに身を焦《こ》がしつつ、行にはげんだことだろう。じっさい、大峰山の発掘調査では、多量の木炭の堆積が発見された。昔も昔、小角の護摩あとか、どうか、は計りようがないが、黒い木炭の姿に、小角をダブらせることはやさしい。

水の行は、水を浴びて、俗にみそぎとかはらいという精進潔斎のセレモニーである。こちらは神道的というか、神仙思想の流れというか、清冽《せいれつ》きわまる行といってよい。

行場となる大峯の山山には、澄明な水の流れと、はげしく落ちる滝の水が多い。その水のつめたいこと、澄みきったさまは、いまも千年昔のままである。

なぜならば、この水に棲むアユをみれば、うなずけよう。水のつめたい上流のアユは、成長しつくしても、たったの三寸余り。十センチにもならず痩せている。清流の藻《も》は、目にもとまらぬほど細くてみじかい。吉野の山の人は、それを水垢《みずあか》という。山深い清流のアユは、その水垢をたべて暮らしている。

だから、たとえ身は細くとも、すばしこくて天然の美そのものといってよい。焼いて食べれば、うるおう香りとわたのにがみは天下無類といえよう。塩すれば、絶妙のうるかとなる。

小角は、そういう魚の精を食べつづけていた、と思う。大宝令によると、「雑穀を絶ち、松の皮・葉・実ならびに仙薬等を以て食に充つるなり」とある。大宝令はアユのうるかにまでは及ばなかったのか。

山居服餌《ふくじ》は、小角にとっては極秘の情報であったのだ。のちにもたらされる最澄や空海の密教にも、極秘の情報は山ほどある。この密教と小角の修験道は、とてもよく似た側面をもつけれど、小角の修行と密教とは、ほんらい別のものだったのではないか。

小角からでた修験道は、小角以後の人によって、骨に肉がつけられている。小角について、小角自身は何も語らず何も書かず、であったのに。だから、役小角そのものについては、わからぬことばかりといってよい。

その役小角を知ろうと思えば、小角のひらいた山上ヶ岳の行場を知らねばならぬ。だからわたしは、男の山へ、と洞川へやってきたのである。洞川は、奈良県吉野郡天川《てんかわ》村にある。

このあたりの地名には、川上村・天川村・黒滝村、そして南には十津川村などと、川や滝の字がめだつ。だから、山と水のメッカといってよい。

そういう山への男のロマンは、今も昔もかわらない。——おれも男よ——というわけか。山伏姿の先達《せんだつ》につれられた若い男のセレモニーは、今につづいているのである。

山頂の断崖絶壁で、命綱にしばられて、肝《きも》もつぶれる谷底〈覗《のぞ》き〉は、このセレモニーの圧《あっ》巻《かん》、といってよい。

絶壁から、谷底のぞきをさせられる若者は、誰しも、きんたまがちぢみあがって青くなる。背すじが冷えて血の気がひいてしまうのだ。

この凄《すご》み抜群のクライマックスこそ、役小角の血の色を知るに充分といえよう。顔からも躯《からだ》からも、血の気がひいた若者たちに、血の色がよみがえるころ、先達は若者たちをひきつれて、ああやれやれ、と山をくだる。

女人禁制の碑のある山上ヶ岳登山口から、〈覗き〉のセレモニーを終えて、また登山口へもどってくるまでが、約六時間。

その日、登山口のあたりで、わたしは清掃管理のおじさんとしゃべっていた。

「先達につれられて、いまも若者がやってきますんか」

「むかしほど、こんなあ」

「さみしいことだんな」

「じゃが、いまどきは、来るん、男と女と半半や」

「へえ。女の人、そんなにやって来る？」

「じゃがのう、ここまでだ。ここから先は女人禁制、やもんなあ」

と、いっておじさんは、禁碑を指さしてにっこりした。

この登山口には、昨年（一九九九）とてもりっぱな門が立ち、あたりには、新しい碑が林のように立っている。

「みんな新しいものばっかり」

「そう。大峯詣りの講が、こんなん立てよった。りっぱな碑ばっかりのう」

わたしは、碑の文字を眺めわたした。すると、けっこう女の人の名が刻まれているではないか。名のうえには、小先達とか中先達という肩書きまでついている。

ならば、女性でも、先達となれば、やはり禁制の碑から先へ、登ってゆくのか、と不思議に思って、

「女先達は、ここから先、山上ヶ岳へ登りまんのか」

と、おじさんに尋ねた。おじさんはとてもはげしく手をふって、

「いや、いや。登りまへんで。ちゃんときまり、まもってまんがな」

「そら、そうでっしゃろな」

と、いいながら、わたしは昨年ここへ押しよせた女の先生のグループの話を、そっと思いだしていた。と同時に、この山の女人禁制は、この先どうなるのかな、なんて考えあぐねていた。

山をくだって、麓の洞川へついたとき、もう夕暮れがきていた。天川村洞川というのに、家並みの風景は、天川村洞川町といってよい。

山上川にそって、店や旅館がたちならび、にぎやかに青い灯《ひ》・赤い灯が軒をつらねて、かがやいていた。

洞川温泉マップをあけると、なんと旅館が二十四軒、陀羅尼助《だらにすけ》の店が十四軒、食堂やスナックが十五軒。大峰山の門前町は、とても健在なのである。

この洞川には、役小角ゆかりの龍泉寺とか歴史博物館、洞川温泉、キャンプ場、スキー場な

ど、まるで『小角一国』と呼べそうなにぎやかさがただよっていた。

そのあたりを徘徊したり、眺めつくしていると、役小角は、どこにいるのか。「小角、やあい」と、叫びたくなってしまう。

小角は、ハングリー精神の権化《ごんげ》であったのに。でも、門前町というのは、なにも洞川だけやない。

伊勢の神宮の門前町なんて、芭蕉のころは、お伊勢詣りの人であふれた。間《あい》の山《やま》という歓楽街には、遊女五百人。備前屋・杉本楼・柏楼など数十軒の妓楼があったというではないか。

が、洞川にいまはもう遊女をかかえた妓楼はない。みんな観光客相手の旅館となっている。

観光客は、むかしほどではない、というが、この洞川にはぶらぶら見て歩くところが多い。

あちこちで〝ごろごろ水〟と呼ぶミネラル・ウォーターが、山から湧いてでてくるし、五代松鍾乳洞《しょうにゅうどう》とか面不動鍾乳洞なんていうのもある。

川には魚、森には鳥。春はサクラ、夏ホトトギス、秋はモミジ、冬は雪。

役小角は、とてもとても、といいたいほどの洞川を、いい行場にしたものだ、とわたしは舌を巻く。

そうそう、蟷螂《かまきり》の岩屋だの河鹿《かじか》の滝だの、魅惑的な名のつく洞窟《どうくつ》や滝壺もある。

かくて洞川は、天川村にあってまこと『小角一国』と呼ぶにふさわしい。むかし、わたしが尋ねたときは、この洞川で曲物《まげもの》をつくる老人がいた。曲物は、綰物《わげもの》ともいう。

老人の造る木の桶《おけ》は、鮎ずしを入れたり柿の葉ずしを入れて、昔は京の都へとはこばれた。都の人は、とても喜んだ、というのである。

スギやヒノキで造られたその曲物の桶は、ずいぶん高尚な工芸品であった。茶道の数奇者《すきしゃ》は、これを水指《みずさし》にして、風流をたのしんだそうだ。

わたしは、その老人のことを村人に聞いてみた。

「じいさん、もう死んでいやへん」と、いう人の顔は淋しげであった。風流つきる曲物の桶も、じいさんと一緒に、もうなくなっていた。日本の文化は、こうして、一つ消え二つ消えしてゆく。

山の辺の道

どういう風の吹きまわしか。六月七日（平成十二年）ふと、思いたって、わたしは山の辺の道をたずねてみようと、家をでた。

もう昼はとっくにすぎて、二時ごろだった、と思う。近鉄電車の駅までは、女房が車で送ってくれた。下車する桜井駅は、特急電車は停まらない。

普通電車で三十分ほど。そのあとはタクシーで十数分。わたしは、山の辺の道の〝檜原御休処《ひはらおやすみどころ》〟という茶店へと向った。

この茶店は、池田信作さんが三十年ほど前から、山の辺の道を歩く人人のためにと、開いた小さな店だった。

ときおり訪れるわたしは、いつのまにか、池田さん夫妻と仲よしになった。

店では、四季の野菜や果物を、ならべていたり、甘酒とか軽い食事もさせてくれた。が、池田さんは平成七年とつぜん亡くなった。

茶店はなくなってしまうかも、とわたしは思った。山の辺を歩く人にとって、小さな茶店は、まるで砂漠のオアシスみたいだった。人人を憩わせ、心と軀《からだ》をホッとさせる、とても気持ちのよい茶店であったのだ。

ことしの春さき、わたしは山の辺を歩いた。そのとき店はしめられていた。でも、六月七日、店先きでタクシーを降りるとき、店が開《あ》いているのを見て、わたしはホッとした。信作さんの奥さんに、「あら、先生」と声をかけられて、とてもうれしかった。

店さきには、タケノコ、セリ、ジャガイモなどがならんでいた。カメラを持った人たちが、縁台に腰かけて、思い思いに食べたり飲んだりしていた。

奥さんはわたしに、葛餅《くずもち》を皿に盛ってだしてくれた。そえられたお茶は番茶。その香りは、あたりの風景にふさわしい。秋には、熟れたカキの皮をむいてだしてくれる。茶店は、カキの畑と地つづきで、風流ここにつきる、と思ってしまう。

その日、わたしは奥さんに、

「拓本、いまでもあるんですか」

「あります。あります」

といって、奥さんはいくつか出してきてくれた。川端康成、棟方志功、東山魁夷、千宗室……。みんなこの山の辺の道の路傍に立つ文学碑の拓本である。

わたしは、すでにいくつか持っているのに、目の前へだされるとほしくなる。拓本にかぎらず、墨や硯でも、水滴や壺でも、気に入ればほしくなるのである。ひとしきり拓本の出来ばえや買って帰る旅人の話などしていた。むかし、

「東から来た人は、軸にして楽しむというし、西からの人は、これねうちあるんか、言いはります」

神殿がなく鳥居だけ。美しい山そのものが神さまである檜原神社。アカマツの林の前には純白の砂がしきつめられている

と、奥さんの言葉がよみがえった。その思い出をわたしがしゃべったら、

「いまでも、それは変りませんな」

と、奥さんは笑った。

この茶店の前は檜《ひ》原《はら》神社。神殿がなくて鳥居だけで、美しい松の林のこんもりが、神さまなのである。

神さま（山）のまえには、純白の砂がしきつめられて、清浄きわまる風景に手を合わせ、手を打って、わたしは神韻渺茫《しんいんびょうぼう》たる風景とは、こういうものかも、と思った。

神殿がなくても、神はいる。山そのものが、神というのがたまらない。たいていは、玉《ぎょく》だの剣《つるぎ》だの……を御神体とするけれど、山が神というのは、原始宗教のなごりなのか。これほど自然な話はない。

ここ檜原の山は、アカマツの林である。風姿はまるで絵のようなアカマツが、枝と枝をからませて、蕭条《しょうじょう》と立ちならんでいた。アカマツの林には、白い砂がよく映える、といつ誰が考えたのか。林の手前は純白の砂がしきつめられて、荘厳に調和して美しい。

秋がたけ、そろそろ寒さもやってくるころ。十一月。この檜原神社を司《つかさど》る南の三輪山の大神《おおかみ》神社《じんじゃ》から、若い巫女《みこ》がやってくる。

そして、セレモニーがはじまる。巫女たちは、手に手に金の鈴をもち、神楽《かぐら》にあわせて舞いを踊る。豊かなリズムの神楽の曲は、アカマツの林に揺れ揺られ、とても神秘的である。

白い砂と巫女の着る緋《ひ》の衣は、透明な秋の光を浴びて、まばゆく幻想的だ。

とりまく人も、眺める人も少ない山の辺の神のセレモニーは、たまたまやってきた旅人の心さえ自然に宗教の聖の世界へと誘《いざな》いつくす。

かつて、わたしがはじめてこのシャーマンたちの美しい舞いを目にしたとき、幻想の極致とは、こういうものなのか、と思わされた。仏教が、まだこの大和へくるまでは、この幻想が、人人の心をささえていたにちがいない、と考えた。

あのヤマトタケルが、伊勢の能褒野《のぼの》で力つき、死に襲われるまえ、故郷の大和へよせる讃歌をのこした。

大和は　国のまほろば　たたなづく青垣　山ごもれる　大和し　美《うるわ》し（古事記）

と。このタケルの詩は、檜原神社のシャーマンのセレモニーを想うにつけ、わたしの胸を、去来してやまない。わたしは、タケルも、この若いシャーマンの舞いを見ていたのではないか、とさえ思ってしまうのであった。

このあたりに立って西を望めば、望むはてに二上山《にじようざん》が眠っている。かつて、役小角《えんのおづぬ》はこの二上山をかけめぐっていたし、大津皇子《おおつのみこ》の墓はこの山にある。

ここから眺める二上山は、眼下にひろがる大和平原の彼方にたたずんでいる。ラクダのコブさながらに、雄岳《おだけ》雌岳《めだけ》が肩をよせあって、夕陽がこの山に沈むとき、もっとも美しい、と誰もがいう。

二上山のことは、いずれ稿をあらためて書くつもりだ。

さて、昭和四十七年の一月、川端康成がこの地を訪れた。山の辺の道のあちこちに文学碑をたてる計画のなかに、川端の碑がなくては、と白羽の矢をたてられた川端は、奥さんとつれだって、やってきたのである。

ぶらぶらと、あたりを徘徊しているうちに、井寺池の畔に立っていた。井寺池は、檜原神社のすぐ西にある。四季、水鳥がやってきて、水面に影をおとした檜原の山の姿を、よぎって泳いでいる。

風景も気分も、詩的なこの池の畔に立って、川端康成は小さくつぶやいた。

「ここがいいね」

と、文学碑は、この池の畔に、ときめたのである。さらに、言葉をつづけた。

「遠足で、やってきた子供が、碑に腰かけて、弁当をたべたくなるような碑がいいね」

と。

このとき、川端康成の胸のなかには、あの詩がよい。あの詩ほど、この地にふさわしい詩はない――と、詩碑の姿はすでに描かれていた、と思う。

ところが、四月がきて、花も山河に咲き乱れた十六日。なぜか川端は、自らの命を絶ってしまった。歌碑の原稿をかくこともなく、言葉だけをのこして、文豪の死は唐突であった。

〝あの詩〟を彫っての川端康成『山の辺の碑』は、いったいどうなることやら。人人は気をもんだ。

が、川端夫人の思いやりで、碑は井寺池の堤にたてられた。いや、立つというより坐りこんだ、というほうがふさわしい碑の出現であった。

碑には、あの詩が美しく刻まれた。

大和は
國のまほろば
たたなづく

大和は
國のまほろば
たたなづく
青かき
山ごもれる
大和し
美し
川端康成 書

風景も気分も詩的なこの池の畔。「子供が碑に腰かけて弁当をたべたくなるようなものを」と言った言葉の通り、まるで寝そべっているように、あたりの自然に溶け込んでいる

青かき
山ごもれる
大和し
美し
　　川端康成　書

と、あのヤマトタケルの詩である。

川端康成は、この詩が好きだった。好きは好きでも、その好きさは、ほとんど畏敬にちかい。かつてノーベル文学賞受賞記念講演「美しい日本の私」のなかで、このヤマトタケルの詩を、ひきあいに出して、日本の美を語っているほどである。

川端夫人は、その講演の原稿を大切にしていた。その遺稿の文字から、碑の文字は拾われて、碑によみがえったのである。ペンがきの字であるが、川端康成の字は、筆圧が重い。

石は、川端康成の言いのこした言葉にしたがって、腰をおろして子供が弁当をほおばれるような姿の石だった。まるで寝そべっているようなムードのこの文学碑には、威張った気分は少しもない。

へたすれば、池にすべり落ちはしないかと、思うほど、自然にとけあっているのが、ほほえましい。碑のうしろ、ずっとずっと遠い彼方には、あの二上山が望まれる。大和平原の彼方である。タケルの詩そのままに、風光は美しく、そしてあやしげだ。

この池の堤で、あれこれ想っていたら、時を忘れて時がたつ。その日もわたしは、「ああ、あ」とつぶやいて腰をあげ、茶店へと引きかえした。

この茶店から、道を北にとれば、景行陵から崇神陵へと、道はくねる。年中そうめんの食える長岳寺。その先には古墳、古墳の里がある。

古墳のクイーンは衾田陵《ふすまだりょう》で、継体の王妃はここに眠る。かなた天理の石上神宮《いそのかみじんぐう》までの道は遠く、峠をこえたり谷をわたったり、風景は萬葉のころそのままである。

その日、わたしは南へと向った。茶店の池田さんに、「また、来るわ」と声をかけ、細い山道をかきわけた。

ほんとにせまい道の傍に、小林秀雄の石の道標『山邊（辺）碑』が立っている。むかし、このあたりは蒼然《そうぜん》たる松の林におおわれていた。

写真家ならずとも、誰もがシャッターをきりたくなる風景だった。それが、いまは明るくなりすぎて、誰もシャッターをきろうとはしない風景になっている。松の大木がことごとく枯れ果てて、小林秀雄の小さな道標だけが、淋しげに立っている。

道はとても細い。わたしは、山の辺の道は細ければ細いほどよい、と思っている。バッタがひととびで、道をよぎるほどのせまい道が好きなのである。

その日、山ではホトトギスが鳴いていた。谷からウグイスの声もきこえてきた。ホトトギスの声には、哀歓がやどり、ウグイスの声には、恋がやどっていると思う。

路傍では、やたらドクダミが白い花を咲かせていた。花は白、葉はハート型なので、なんとなく心のなごむドクダミであるが、ずいぶんと嫌《いや》な匂《にお》いを放つ。が、その匂いの元が薬となって、ドクダミは利尿・高血圧・痔《じ》・便秘などによくきく。ので、子供のころは、よく採りに走らされた。

夏の谷間の小道には、このドクダミとヒメジョオンが、風にゆらゆら、たくさん咲いていた。

そして、どこからともなくせせらぎの音がしはじめた。玄賓庵《げんぴんあん》の谷を流れるせせらぎの音だ。とても静かで、とても爽《さわや》かな音である。

この谷のせせらぎをふせいで、小さな滝を作り、玄賓和尚は、日日つめたい沐浴《もくよく》をしつづけていた、そうな。鴨長明の発心集に「この僧、世をいとふ心深くして、更に寺の交はりを好まず、三輪山のほとりに、わづかなる庵をむすびてなむ、思ひ入りて住みける」と、いう。

でも、じっさいは、平城・嵯峨のころ、はげしい政争をきらって、追われ逃れて、ここ檜原やこの谷へ隠れたのだろう。

この谷を、玄賓谷と呼ぶ人もいるが、玄賓にとっては、気の沈まる谷だった。

もうすでに、萬葉集にこの谷がでてくる。壬申の乱のあと、謎の死をとげた十市《とい》《いち》皇女を想い

山の辺の道

バッタがひととびで道をよぎるような細い道。その傍らには
小林秀雄の石の道しるべがひっそりと立ち、旅人をみちびく。
歩いてゆくと、どこからともなくせせらぎの音がきこえる悲しんだ高市《たけち》皇子の歌である。

　山吹の　立ち儀《よそ》ひたる　山清水
　酌みに行かめど　道の知らなく

と、ためいきをつく。

小さな滝のほとりに、この歌を彫った碑がある。小さな黒い石に、安田靫彦のかいた書を彫っている。谷のせせらぎの音をききながら、わびしげに、今は昔をしのばせてくれる。この木立のしげる滝をでて、歩くとぱっと空がひらけた。玄賓庵密寺の白い土塀がわたしを招いていた。

その瞬間、山の辺の小道歩きの楽しさは、こういう絶妙の明暗にであって、ドキッとさせられることだ、と思う。

寺は、ながい歳月の風雪に耐え、山門は古色蒼然。そのかたわらに、禁碑が肩をいからせている。――葷酒《くんしゅ》山門ニ入ルヲ禁ズ――と、彫られた文字はにらみをきかせておだやかではない。葷というのは、韮《にら》・葱《ねぎ》・蒜《にんにく》・薤《らつきよう》・薑《しようが》などのこと。そのにおいのきつい食べものは、寺では食べてはいけない、というのだ。さらに酒もだめという。

これらは、元気がでて、肉欲を挑発するからという。古くから禅宗や真言密教の寺は、禁碑をたてて戒《いましめ》としつづけてきた。

山の辺の道

谷ヲワタリ
林ヲクグリ
ドコヘトモ
ナク
道ハ
ツヅク

この玄賓庵の先代・龍雅上人の奥さん（おふさばあさん）に、よく聞かされたのは、玄賓和尚というのはなあ、

「そうら、えらい坊さんやった。ソバ粉をねってダンゴにして、腹へったら食うてはったんや。ソバちゅうのは、元気をつけるけどなあ、性欲はでんのや。えらい坊さんにとっては、けっこうな話や。だから嫁はんはいらん。子供はでけんわなあ……」

婆さんの話は、真実をうがって愉快。山寺にふさわしい情緒にも富んで、凡《ぼん》俗の耳をそばだたせる。

この寺は、山の辺の道のかたわらにあるから、婆さん話もいきてくる。都会のどまんなかの寺では、こうはいかん。

寺は、三輪山の麓にあって、本堂も新しくなり、本尊の不動明王はあたりを睥睨《へいげい》して坐ってなさる。いつだったか、だいぶむかし、「はよう金にぎって落慶法要したいのや」と、婆さんのいった声を、わたしはよみがえらせていた。

信者はいても檀家《だんか》のない山寺のつらさは、庭の石にも山門の屋根瓦にも、みられよう。ふと、山門の屋根を見上げたら、いかにも古びた鯱《しやち》瓦にも鬼瓦にも、歳月の哀歓が棲んでいる。

鯱瓦は、ぴいんと鰭《ひれ》をはねあげて、密寺のプライドを、いまに示しているし、鬼瓦には、篦《へら》

でなにやら彫りつけてある。望遠レンズでのぞいたら、〈天保七年申三月瓦屋佐吉〉とおぼろげに読める。

佐吉はどこの瓦屋か。大和には、多くの寺院をひかえて、瓦屋は多いけれど、佐吉はどこの瓦屋か、知るすべはない。でも、心のあたたまるのを感じた。

鯱瓦の風姿とともに、佐吉のプライドが天に向ってはねている、と思った。竹篦《たけべら》の文字は、じつに素朴。素朴ゆえにあたりの自然によく映える。

いつだったか。この山門のまえの梅林で、杖《つえ》の爺《じい》さんに出くわしたとき、すわりこんで話を聞いたことがある。

春たけるころで、梅はもう咲き終っていた。あたりの土手が、いやに荒らされているのを指さして、わたしは爺さんにたずねた。

「ありゃ、なんでんね」

「ゆうべ、イノシシが来よって、土の中の若いタケノコ、食い荒らしよったんやろ」

「タケノコまだ、顔出してへんのに」

「よう知っとるわ。土の中のタケノコ、やわらこうて、うまいもんなあ」

と、爺さんは、笑った。そして、舌打ちしたあと、

「神さんの山やからのう。鉄砲打たれへん」

と、ぼやく。それでも山の辺の道は春。

「これから、ぎょうさん、(旅人が) 来やはりまっせ」

と、いい顔をして笑いながら、細い山道を、ゆっくりのぼっていった。のを、わたしはほのぼのと思いだしていた。

白い壁の塀を左に、わたしは小石の多い坂道をくだった。

今日のわたしは、坂道を下りながら、あの爺さんと玄賓和尚をダブらせていた。爺さんの身なりは細く、話にも脱俗の気が冴えていた。玄賓和尚も身なりは細く、するどい目で世の中をにらんでいた。

あの谷の水で、細い軀《からだ》を洗っていたにちがいない、と思う。白い褌《ふんどし》を木の枝にひっかけて、玄賓和尚は呪文《じゅもん》を唱えながら、しっかり水を浴びていた、と思う。

呪文は、不動明王を拝む呪文だった、と思う。〈ナウマク　サマンダ　バザラダン　ナウマク　サマンダ　バザラダン……〉声は谷川のせせらぎに調和して、とても爽やかで、ちょっぴり妖《あや》しげな風景が生まれていた、にちがいない。

水浴する玄賓和尚をみていたのは、小川の石のかげに棲《す》むサワガニだけだ。

玄賓庵にそって細い小川が流れてくる。水は透明、とても美しいせせらぎである。が、小石ごろごろ、小川はいくらか荒れていた。メダカがいないか。ドジョウがいないか。なにもいな

大神神社の境内に咲くササユリ。神秘的な匂いを漂わせていた

いのが淋しい。

わたしはしばらく、水の流れを眺めていた。五分か、十分か。すると小石のかげから、サワガニの小さいのが、いくぶんあたりを警戒しながらあらわれた。わたしは、小さいサワガニを見て、ほっとした。山の辺の小川は、まだ死んでいないない、と思って嬉しかった。

わたしが少年のころ、昭和のひとけたのころである。家の裏を流れる細い細い小川に、サワガニが棲んでいた。雨の日には、玄関までサワガニがのぼってきた。

それが、もういない。市から役人がやってきて、細い小川を、セメントの小川にしてしまったからである。小川には、ホタルやトンボの幼虫も棲んでいた。やさしいヘイケボタルもスマートなイトトンボも、絶えて久しい。

もちろん、そのせせらぎの流れこむ小池のミズスマシもドジョウも、もういない。人間と自然の共存は、もう不可能な時代になってしまったのだ。

山の辺の道を歩きながら、そんなことを思っているうちに、道は大神神社《おおかみじんじゃ》の境内に入ってしまった。境内では、あちこちにササユリが咲いていた。

ササユリは、神さまの花だから〈手でさわったり、折ったりしないで下さい〉という立て札が立てられていた。〈撮影禁止〉というのはなかった。淡いピンクに染まったササユリの花は、ゆらゆら風に揺れて、神秘的な匂いをあたりに放っていた。

この大神神社のご神体は、三輪山であるそうな。この山は、美和山とか三諸山《みもろやま》ともいわれてきた。

大和平原の南西部にあって、あの檜原神社のあたりの巻向山や長谷寺のあたりの初瀬山《はっせやま》に連なっている。が、平成十年秋の台風が、この大和の連峰を、はげしく通りすぎて、松や杉を根こそぎ倒していった。

円錐形の美しい姿の三輪山も、かなりいためつけられた。「元の姿になるのに、百年はかかるでよ」と、村の老人がぼやくほど、荒らされたのである。

山の辺の道は、この三輪山のふもとを、ぐるっと廻って、海石榴市《つばいち》から東へ、初瀬道へとつらなる。

初瀬道は、京・大坂・大和・伊賀・伊勢をむすぶ、はるかな昔の国道一号線であった。

室生寺《むろうじ》余情《よじょう》

室生路《むろうじ》は、室生の谷をかきわける、とても美しい路である。

その路に、よりそうようにして室生川が流れている。いや、さきに川があって、川にそって路はあとからできたのよ、なあ。

歩いても、歩いても、風景がよい。さして広くも大きくもない川辺には、古色をおびたアシが茂り、ほとんど垂直といってよい岩壁のかげで、青い水がよどんだり、杉の木立が絵のようにひろがったり、旅ゆく人の心をなぐさめてくれる。

わたしは、この川へ、よく魚をつりにきた。朝はやく、まだ明けきらぬころ家をでて、ここぞという川原にすわり、糸をたれるとすぐつれた。

たいてい、つれるのはハエばかり。清流を好むハエの背は、しぶいグリーンだった。矢のように水中を走るすばしこい魚をつるのは、とてもスリリングで楽しかった。

たまに、ヤマメがかかることもあった。身ぶるいして、うれしかった。なにせ、ヤマメは渓流のクイーンである。数少ない清楚きわまる魚といってよい。

詩情もいっぱいのそんな釣りに、行かなくなってもう三十年。

が、室生へはよくかよう。この谷のはてに、室生寺があって、わが家の先祖の納骨は、代代室生寺の奥の院ときまっている。いうなれば、祖先の骨の納まった寺だから、折にふれてお詣り、ということになる。

古くより、『女人高野《によにんこうや》』と呼ばれてきた室生寺は、とてもやさしい。木立は、千年の歳月を経て、蒼古の気を宿しているが、金堂も本堂も五重塔も、みな瀟灑《しようしや》でやさしい。堂にたたずむ仏たちも、そうである。

春はシャクナゲ、秋はモミジが照り映《は》えて、全山まるで夢のなか。

というのも、堂塔が平面にならんでたっているのではなく、山の斜面や岩壁をきりひらいて、思い思いにたっているのが、とてもよいのである。

堂から堂へ、堂から塔へのみちは、自然石の石段でむすばれていて、どこからどっちを眺めても、絵になり写真になるのである。

土門拳・入江泰吉は、この山へなんど足をはこんだことか。室生寺を撮った二人の写真の名作は、かぎりなく多い。

五重塔を撮るんだ、雪の五重塔を撮りたい——といって、土門拳は室生寺前の旅舎・橋本屋を宿にした。

室生の山は寒いけれど、雪は降らなんだ。三日、五日と日はすぎた。それでも、雪のけはいはない。川には氷がはっていても、雪は降ってこない。

十日、二十日がすぎていった。土門拳は、しんぼう強く待っていた。

ようやく雪が舞いおりてきたのは、室生へ土門がやってきてから、なんと四十何日め。

門前の旅館・橋本屋に長逗留して、「その日」を待っていた土門拳。ちょうど東大寺二月堂「お水取り」の昭和53年3月12日、ようやく雪が舞いおりた（撮影・土門拳）

写真家というのは、シャッターを切るのに、それほど情念を集中させるものか、と思った。土門拳は、サクラを撮っても、仏を撮っても、その映像に、凄《すご》い情念のかたまりをただよわせて、見る者の心をかきむしった。

わたしは、凍《い》てつく室生を歩いてみたい、と思って、とある冬の日、女房の車にのせてもらって室生を訪ねた。

いつもは、室生路を下から上へとさかのぼるのに、なぜだったのか、その日は、上流の里から、ゆるゆる谷を下っていった。

室生の川は凍てついて、草も魚も眠っていた。この時期、室生へは定期バスさえやってこない。寒い冬には、バスも眠ってしまうのか。春の彼岸がやってくると、ゆるゆるバスも動きだす。

その日、室生川を眺めながら、ゆっくり車を走らせてもらった。なんぞ、絵になる景色はないものか——と、もの欲しげに風景をみていた、と思う。

すると、どうだ。絶景が目にうつった。枯れたアシの足もとに、うすい氷がはりつめて、氷の上に雪がキラキラ。

これはもう、水墨の絵じゃな——と、車をとめてもらって、川のほとりに佇《たたず》んだ。川の流れはとまったままである。白い氷の上に、白い雪。清冽とは、こういう風景のことをいうのだろう。

わたしの心は、妖《あや》しげに燃えはじめた。今日はもう、室生寺はやぁめた。ここで、この清冽をスケッチして帰るんだ。そう思って、スケッチ・ブックをとりだして、わたしは、氷の上の白い雪、をかきはじめた。

女房は車で本を読む。わたしは川原でエンピツを走らせる。

絵になる風景というのは、何時《いつ》、何処《どこ》にあるのか、わからない。

その風景を、中国の宣紙《せんし》に松煙墨《しょうえんぼく》で絵にしたのは、十日あとか一ヶ月あとか、わからない。寒い冬の午後だった。

墨は、思ったよりうまく、宣紙にのってくれて、「室生川余情」と題した絵は、二枚できあがった。

一枚は、いま、どなたのところへ行ったのか。思いだせない。が、もう一枚のほうは、わたしの手許にのこっている。いや、のこしてある、というほうが正しい。

水墨の絵は、いろんな条件がうまくそろったときはじめていいのができる。

一に、気がのっているときでなくてはならぬ。ここでいう気とは、ものごとに精神の集中する勢い、のことである。

そして、枯れた紙、松煙墨の磨りぐあい、やわらかい筆・かたい筆、さらにその日の湿度の低さ……などが、うまく働きあうことが大切である。

「室生川余情」は、そのどれもがうまくとけあって、できあがった。

枯れたアシのしげる川に、浮いて動かぬ氷の群れ。その氷にのった純白の雪。まったく白と黒だけの世界が、うまく宣紙にひろがった、のである。

できた絵を眺めながら、わたしはとてもうれしかった。天にものぼる気分、というのは、こういう気分のことだろう、と思いながら眺めつづけていた記憶がある。

こういう気分になることは、めったにない。いいかえると、とても気に入る絵というのは、めったにできるものではない、ということだ。

めったにできない「室生川余情」の一つは、どこかへいってしまった。二つのこればよかったのに、と惜しんだりしながら、いやいや、一つのこったのが倖いと思わねば、と、自分に言いきかせている。

この絵は、つぎの大きな展覧会（個展）にだして、みんなに見てもらおうと、思っている。

室生寺には、もう一つ描きたいものがある。小さくて、おしゃれな五重塔である。千年の杉の林のなかに、この塔は立ちつづけている。

寺へくる女性に慕われ、カメラマンに親しまれ、文人や作家に好まれ、信心深い老人に愛されて、なんとしあわせな塔なのか、とわたしは仰ぐたびに思いつづけてきた。

「室生川余情」

そして昭和五十八年。わたしは『大和八景』という連作の制作を思いついた。中国には、かの有名な『瀟湘《しょうしょう》八景』というのがある。

湖南省の洞庭湖の南にある瀟水と湘水のあたりの八ヵ所の佳景をテーマに、古来何人もの画家が八景の連作をのこしてきた。

わが近江八景は、これにならって、歌になったり絵になったりして親しまれている。中国の洞庭秋月とか煙寺晩鐘とかにならって三井寺晩鐘などなど、うまいぐあいにまねている。

わたしは、さいしょ、奈良八景をと思いたっていた。たまたま、『墨の話』（角川書店）を執筆中、古い墨を漁《あさ》っていたら、なんと奈良八景という墨がでてきた。

大仏の鐘とか猿沢池の月とか、を墨の図案にして、瀟湘八景をまねているではないか。

そこで、何人かの物識《ものしり》に電話して、大和八景——って聞いたことないか、とたずねあるいた。数人の物識は、みな「そんなのあらへんやろ」だった。

ならば、とわたしは大和八景をえらびだした。思案は何日もつづいた。やっとえらんだ大和八景は、

東大寺の松林　　室生寺の塔
大台山の朝　　二上山暮色
明日香の野　　宇陀野の丘

吉野の清流　柳生街道の仏

ということになった。

中国の古い絹本《けんぽん》をだしてきて、なんと一番に描きだしたのが、室生寺の塔であった。もちろん水墨画で、八景をそろえ、そのそれぞれに、詩をちりばめようというオリジナル。

仕事は調子にのって、はかどった。パステルで色をのせた下がきを描きにもでかけた。下がきには、忠実に色をのせ、イメージが消えないように心がけた。

そのパステルの絵から、色をぬいて水墨画にする仕事に精だした。中国の古い絹本は、ほとんど墨を吸おうとはしない。だから宣紙のようなにじみはでない。

墨は、絹本の上でゆらゆら淀《よど》んで、時間をかけて乾く。乾きながらたまりという墨の不思議ないとなみをみせる。

たまりの作法は、ためこみ（溜め込み）とか、たらしこみ（垂し込み）という使い方にもなる。俵屋宗達《そうたつ》とか、尾形光琳《こうりん》は、この技法を巧みにつかって、作品を特色づけた。見ようによっては、工芸的とも装飾的とも見られる。

この墨の濃淡がかもす斑紋《はんもん》や、むらは、そのごの日本画にも数多くあらわれた。しかし、あまり多用すると、画面にいやらしさが生まれるときもある。

わたしの「室生寺の塔」は、塔のまわりにあるシャクナゲとか杉の木立をかくときに用いた。

これは、塔のまわりを抽象化することによって、塔そのものをより浮き立たせよう、と思ったからである。

絹本上の墨は、なかなか乾かない。乾くのを待てば、夜が明ける。わたしは、祈るような気分で、ねた。墨は、絹本のうえで、ゆるゆる乾いているはずだ。乾きながら、微妙なたまりを作っている。人間の力のおよぶところではない。

いつものことだが、翌朝、寝坊のわたしにもかかわらず、早く目がさめる。いそいでアトリエに駆けこみたいからである。「室生寺の塔」は、とても調子よく仕上っていた。

なにせ、大和八景の第一作だ。つまずけば、あとあと、よろよろしなくてはならぬ。ありがたい、ありがたい、と思いながら絵を眺めていた。

眺めながら、さて、絵にどんなフレーズを入れようかな、と考えつづけた。ノートにいろいろかきながら、やっときまったのは、

山デ生マレタ山雀《ヤマガラ》ハ
塔ノ雫《シズク》デ身ヲ濯《スス》ギ
羊歯《シダ》ノ林ノ
恋ニ酔《ヨ》ウ

大和八景の第一作、「室生寺の塔」。室生寺は〝女人高野〟といわれるとおり、建物も仏像も、みなやさしい。千年の杉の木立にかこまれて、さわやかさ、ここにつきる

と、かきいれた。

塔のまわりには、千年の杉がそびえている。その杉林でガラ族が棲《す》んでいる。ガラ族というのは、小雀《こがら》・山雀・四十雀《しじゅうがら》。仲のよいガラ族は、けんかもせずに争いもせず、年中チッチ・チッチと暮らしている。

ガラ族は、天下一巣造りの名手といってよい。あのほそい蜘蛛《くも》の糸と、梅の古木などに生える白いコケをとってきて、とてもハイカラな、そして美しい巣を造るのだ。

巣のある杉の林の下は、天然記念物の羊歯《しだ》が群生して、蒼然とした気を宿している。室生寺の五重の塔は、そんな林にかこまれて、千二百年。しあわせ一ぱいに立っていた。

ところが、平成十年の九月、このあたりをA級台風が通りすぎた。テレビは、風速五十三メートルと、ニュースを流していた。

その日、わたしは大阪の国立循環器病センターに入院していた。たまたま、阪急百貨店で莫山展をしていて、会場へは病院から通っていた。

台風のニュースをきいて、わたしは家へ電話した。電話にでた女房は、「とても、とても、凄《すご》いのが通ったわよ」と、ため息をついていた。「道路に倒れた樹々を、消防団の人がきて、片付けてくれてるのよ」、ともいった。

わが家は、室生にちかい。室生もおなじ台風の目玉が通って、やられたにちがいない。

翌朝、病室で新聞をみて驚いた。室生寺の五重塔の満身創痍《そうい》の姿が、でかでかとのっているではないか。

記事によれば、千古の杉の大木が倒れながら、五重塔の庇《ひさし》をつぶしていった、というのである。そのうち、つぶされた塔の姿は、映像となってテレビに出没しつづけた。わたしは、元の姿に、なるのかならぬのか、気になっていた。

ふと、室生へいってみようか、と思うこともあったが、いやいや、やめておこう、と心をしずめた。心には、小さな塔の優雅な姿がのこっている。その姿をあたためていたい。つぶれた塔を見てはならない、とわたしはわたしに言いきかせていた。

つぶされて、二年がたった七月二十九日の晩、NHKのスペシャル番組が、〝室生の塔よみがえる〟、というのを見せてくれた。

四、五日して、わたしは女房の車で室生へ向った。家をでるとき三十六度。とても暑い日であった。室生路へさしかかり、杉の木立の山道になると、気温は、さっと三十二度にさがった。

室生川の水は、やたらきれいに澄んでいた。女房は川を眺めて、

「昔、よう釣りにきたね」

と、いったり、美しい杉の林をみて、

「スケッチしたのは、ここやったね」

あれから、もう三十年がたつ。なつかしい風景には、なつかしい思い出がある。さすがにその暑い室生路を、歩いている人は、一人も見なかった。車は多く、バスは満員。室生寺は、人また人であふれていた。驚いたことに、若い人の多いこと。わたしはとても、うれしかった。古いお寺は、老人のゆくところではなかったのか。いや、老人は暑くて、みな家でぐったりしているからか。

旅舎・橋本屋のまえをすぎ、室生川にかかる太鼓橋から、川をのぞくと、大小のハエが、きれいな流れであそんでいた。橋本屋のおばさんに聞けば、

「アユやヤマメもいるらしいけど、そんなの、めったに目にとまらんわ。見えるのはハエばっかりやろ」

と、いうことだった。

橋のうえから、小さな魚を眺めつつ、わたしは、思いをめぐらせていた。千二百年まえに生まれた塔は、何度も修理を重ねたという。平安、江戸、明治、そしてこんどは平成の大修理。森の中で、どんな美しい装いをしていることやら。

あの、NHKの映像の中で、村の女性が手をあわせてよろこんでいる姿が映されていた。老女は、目に泪《なみだ》を浮かべていた。みていたわたしも、くちびるをかみしめた。

そうよ。今でこそ文化財だの国宝だのといって、国家が文化の栄誉を、まるでおのれのもの

さ、という顔をしているが、明治元年には、廃仏毀釈《はいぶつきしやく》という仏教弾圧をやっている。仏をすてよ、釈迦を切りすてよ——という乱暴な命令を政府がふりかざし、寺をこわしたり、仏像をたたきつぶした。

わたしは、手を合わせる老女の風姿のなかに、仏をまもってきた信心あつい村人のほうが、よっぽど政府の役人よりえらい、という思いをつよめている。

室生寺には、〝籾塔《もみとう》〟という、村人の信心のかたまりがあるではないか。寺にのこされた籾塔は四万基。

村人たちの手造りのこの塔は、手のひらにのるほど小さい。村人たちはその一つ、一つを、造りあげ、底に小さな穴をあけ、籾を一つぶ、一つぶと埋めこんだ。情念こもる話である。

室生や宇陀の農家の人は、いったい何を思って、木ぎれの仏を造ったのか。寺をまもって仏を拝めば、村は、安穏、家はしあわせと信じていたにちがいない。

仏教弾圧にのりだした、政府やその官憲たちの心と、えらいちがいや。村人の思いをおもうにつけ、泣けてくる。

仁王門をくぐり、石段をかけのぼり、金堂、灌頂堂（本堂）を拝んで、いよいよ五重塔を仰いだ。

ほんと。新聞の写真やテレビの映像でみた、潰《つぶ》された五重塔の面影はどこへやら。新しい装いに身を変えた塔は、なんとなくはじらいをみせて立っていた。

廂《ひさし》まわりが、新しい白でぬられて、とても鮮やかなのが目に焼きついた。まだ、歳月の色に染まらず、周囲の大木は、かなり倒れて、あたりがなんともあっけらかんとしているのに、わたしは心をえぐられる思いにさいなまれた。

茫然《ぼうぜん》と、しばらく立っていた。

われら旧人類は、歳月を経た堂塔や仏像の風姿になじみすぎている。新しいぴかぴかの風姿にはなじみにくい。

あの西の京の薬師寺の西塔が、きれいに再建されたときも、平城宮跡の草原に、朱雀門があらわれたときも、わたしはぴかぴかの姿にとまどった。

青丹よし……と、奈良の都が匂《にお》いも高くできたころは、青い甍《いらか》に朱の柱が、美しさをふりまいていた。

それはそれで、上代人の心を満足させる美しさであったにちがいない。

でも、歳月の美学は、その色を変えつづけた。そして、建築や彫刻の美学は、風雪の時をくぐりぬけてきた色あせた美しさをよし、とするようになったのだ。

和辻哲郎の『古寺巡礼』にせよ、會津八一の『南京新唱』にせよ、旧人類的な美感覚のうえにたっている。あるいは、土門拳や入江泰吉の写真などにも、旧人類的美感覚があふれている。

これらの美的感覚に、われわれ世代は、かなり強烈な洗礼をうけてきた。わたしは、これはしようのないことだと、享受している。

いまは、ぴかぴかの五重塔も、やがて歳月に洗われて、けっしていまのままではない。しだいに姿をかえ、色をかえして、新しい美学につつまれてゆく、と思う。

塔の西をぐるっとまわれば、ガラ族の棲む杉の林がある。林の下は天然記念物の羊歯《しだ》が群生している。その林を眺めながら、あの強烈な台風の晩、ガラ族たちは、どうしていたのかな、と思った。

あの小さな、小雀《こがら》や山雀《やまがら》たちのほうが、ひょっとしたら人間よりも強いのかな、と、ふと思った。

山をおりての帰り道、女房は、

「また、塔をかいてみては」

と、いった。わたしは、「かいてみよう」と、心の中でつぶやいていた。

百済観音
くだら かんのん

ミス・ホトケさまコンクールなんてのがあったなら、どんな仏さまが、やってくることやら。観音菩薩《かんのんぼさつ》・弥勒菩薩《みろく》・月光菩薩《がっこう》・吉祥天《きちじょうてん》・弁才天《べんざいてん》……などなど、妍艶《けんえん》を争うて登場するにちがいない。そして、どなたが、ミス・ホトケさまの座にすわられるのか。思うだけでも、ドキドキする話である。

人間の世界でも、ミス・ユニバース・コンテストというのがあった。アメリカのロングビーチで開かれる世界一の美人えらびである。

一九五二年（昭和二十七年）にはじまって、翌年ミス・ニッポンの伊東絹子が、三位に入賞して話題をさらった。伊東絹子は背の高い美女で、〝八頭身《はっとうしん》〟という言葉もはやらせた。八頭身は、首から上の頭部が、身長の八分の一。伊東絹子は、まさに八頭身の美人だった。かんたんに言うと、背がべらぼうに高くて、スマートで、顔と頭が小さい――という美人。明治や大正の古い写真にでてくる女性の多くは、美人といえども、けっして軀《からだ》がスマートではなかった。

いまでは、伊東絹子のようなスマートな若者はいっぱいいて、われら旧人類のなかには、「もうすこし肉がついとるほうがよいのに」と思う人が多いのではないか。

時代により、美人の概念は変る。

唐のころの婦俑《ふよう》とか、フランスのルノアールの女性像は、豊麗で官能的なふっくら美人をよし、とした。

あるいは、江戸の浮世絵師とか、竹久夢二のえがく女性像には、ひょろりと細い美女がでてくる。

ふっくら派がよいのか。ひょろり派がよいのか。そうよ、そんなのくらべるのは、ナンセンスというものである。

ならば、仏さまの世界では、どうなのか。仏さまにも、ふっくら派とひょろり派がいてなさる。が、現代の志向にしたがって、ひょろり派を考えることにする。つまり、伊東絹子の彼方にみえる仏さまだ。

それは、ミス・ホトケさま、ということになる。そのミス・ホトケさまは、女優やモデルのあこがれでなくてはならず、カメラ・マンの眼をひきつけなくてはならぬ。そんな仏は、はたしているのだろうか。いる。いる。いるではないか。

それは、法隆寺の百済観音《くだらかんのん》——と、申さねばならぬ。


わたしがはじめて、この百済観音にお逢いしたのは、中学四年のときだった。日本は中国やアメリカと戦争をしていた。

その日、わたしは母の里の婆《ばあ》さんに、弁当を作ってもらって、国鉄・関西線の大河原駅から汽車にのった。汽車は、煙をはいて汽笛をならし、木津川にそって奈良へ向った。

弁当の風呂敷づつみには、和辻哲郎の〝古寺巡礼〟を入れていた。この本で、わたしは百濟観音のことを教えられていたが、いくら読んでも、百濟観音という、たぐいまれなる仏さまの姿は、瞼《まぶた》に浮んでこなかった。

ならば、いっそのこと法隆寺へ——というわけで、汽車にのってしまったのである。奈良から法隆寺駅までは、大和平原をつっ走る。

一時間ほど走って、汽車は法隆寺駅にとまった。駅は小さな駅だった。駅というより停車場といったほうが、ふさわしいな、と思った。駅から、法隆寺はすぐわかった。五重塔がみえたからである。

野道をたどって、法隆寺まで、風呂敷づつみを小脇にかかえて、歩くのも楽しかった。平原をわたる風は、山国の風とはちがうな、と思った。田舎の婆さんとすれちがったり、馬車とすれちがったり、野道というのは気分がよい。

松の林のトンネルをくぐりぬけ、法隆寺の門前に立って、わたしは驚いた。和辻哲郎の〝古寺巡礼〟には、

南大門の前に立つともう古寺の気分が全心を浸してしまう。……。そろそろ陶酔がはじまって、体が浮動しているような気持ちになる。

なんて、かいてあった。

が、南大門に立って、わたしは空の青いのに驚いた。そしてその青い空を眺めながら「空は青く、そして古く」と思った。松の彼方に五重塔がそびえている。

わたしは、和辻とはちがって、体がへたへたと沈んでゆくように思った。全身の血がサーッとひいてゆくような気分に襲われた。

その時期、わたしは中国を知らなかった。あとでわかったことだが、法隆寺の堂塔には、中国は六朝《りくちょう》のころの様式が、朝鮮半島を通って、斑鳩《いかるが》の里にやってきて、ひとり異国の風姿を、空の下でみせていたのである。

異国のムードと空の青。それをわたしは、想像をはるかに越えた高さ、青さ、古さ、堅さ、鋭さ——という感覚でとらえ、ひとり異国の空の下に立ちつくしたような錯覚にとらわれたのであろう。それで血の気がひいたのだろう。

しかし、その日は塔の中へも、金堂の中へも入れてもらえなかった。

だが、講堂なのか、蔵なのか。さまざまの像や工芸品のならんだ、うす暗い一堂に入れてもらった。お金を払った記憶はない。

誰もいないその堂のなかを、わたしは足音さえたててはならぬ、と自分に言いきかせながら、さまよった。

百濟観音

遥カナル　百濟カラキタ　觀音ノ夢ハ　ブレスレットニ　濡レテ　光ル

すると、その堂の片すみに、すらりと背の高い百済観音が、立っておられた。とぼしい光のなかで、ひっそりと、なんとなく遠慮ぎみに立っておられるではないか。

「なんとまあ、背の高い細い仏さんだなあ」

というのが、わたしの強い印象であった。胸をふくらませて、弁当さげて汽車にのってやってきた中学生には、それが精一ぱいの感動であったのだ。

しなやかさをおびた軀《からだ》の美しさとか、両の手の微妙な動きとかに、ほのぼのと美を感じるようになったのは、敗戦をはさんで三度四度、法隆寺を訪ねるようになってからである。

美の極致というのは、一朝一夕《いっせき》にしてわかるものやない、ということを、わたしにとくと教えてくれたのは、この百済観音さまだった。

それから、思いつくままに、わたしは法隆寺を訪れた。なんべんも、拝むにつれて、宝冠から胸へとなびく瓔珞《ようらく》の美しさも、ニューモードのネックレスの面白さ、風にゆれながら垂れる天衣《てんね》の神秘さなど、なんとなくわかってくるような気になった。

そして、さりげなく天の恵みを手のひらに受けて、一指一指がわずかにふるえている右手の動きなど、もうこの世のものやない、なんて勝手なことを考えたりもしていた。

微動だにしない長身の軀から、すっとつきでた右手の指は、鍵盤をたたく華麗なピアニストの指先よりも、もっと妖しくふるえているのだ。

いつだったか。瀬戸内寂聴さんがやってこられて、よもやま話をしているとき、なんの話のついでにか、百済観音の話がでた。わたしが、戦争のさなか、百済観音にはじめてお逢いしたときの話をしたら、瀬戸内さんは身をのりだして、

「そうよ。わたしもそうなのよ。あの片隅でホコリをかぶったままの観音さまを拝んで、もう全身がしびれるほどの気持ちになったわよ。……」

と、話はそれからひとしきり、法隆寺界隈《かいわい》をさまよいつづけた。

わたしは、寂聴さんの話を聞きながら、あのくるしい戦争のさなかにも、百済観音を拝んで、身ぶるいした若者が、何人もいたのだろうな、と嬉しくなった。人間共通の体験を話し合えるということは、こんなにも嬉しいことか、とも思った。

それほどに、ひとの心をゆさぶってやまない百済観音は、生まれも育ちも、やんごとなき高貴な——と、誰だって思ってしまう。姿は華麗な八頭身、身のこなしはさりげなくチャーミング、瓔珞にせよ衣にせよとてもおしゃれなんだから。

ところが、ちがうんだ、な。

生まれも育ちもさだかではなく、白鳳時代の作というだけで、法隆寺の記録にでてくるのは、元禄十一年（一六九八）の記述がはじめてである。そこには、

虚空蔵菩薩《こくぞう》　百濟国ヨリ渡来
タダシ天竺《てんじく》ノ像ナリ……

と、いささか首をかしげたくなる記述ではないか。

いまの百濟観音は、かつて虚空蔵菩薩と思われていたのである。こういう話は、よくある話である。

でもつぎの、百濟からやってきた、というのも、インド（天竺）の像というのも、なにやらややこしい、と思う。

わたしは、この百濟観音の顔をじっくり眺めて拝みながら、こりゃ、百濟の人の顔だな、と思ったことがある。そして、いやちがう。中国の麦積山石窟の仏さんのムードに、百濟観音はそっくりだ——と、思いいたっている。

つまり、細っそりした軀の姿、そして細長い顔、さらにほんのりとした微笑《ほほえ》み、この麦積山の仏のムードが、そのまま百濟観音にのりうつっている、とわたしは思うのである。

この思いは、いまもしっかりつづいている。百濟観音を拝むたびに、いっそうその思いをつよめているのである。

かくて、この百濟観音の栄光を、末ながくたたえなくては、と、法隆寺では大野可圓管長

百済観音がおわします「大寶蔵」。ゆったりした空間のなかで、〝千年の微笑み〟をたたえる

（現、長老）のとき、『百済観音堂』の建立を思いたった。いうなれば、放浪の観音に、安住の堂を——との願いであった。が、この願いは、とても大きな願いである。願いは、高田良信管長（現、長老）にひきつがれた。高田管長は、建立計画をひっさげて、勧進のため全国をとびまわった。

計画には、『大寶蔵』という、宝物の館《やかた》のなかに、百済観音堂を内蔵するというくわだてになっていた。

ほかに、この宝物殿には、天下に名だたる玉虫厨子《たまむしのずし》や橘夫人厨子も、すわることになり、古い仏像のかずかずとか、数多い百万塔とか、目もくらむほどの宝物がかかえこまれた。

百済観音堂起工のセレモニーの日、わたしは祝辞をのべよ、といわれた。わたしは、宗教学者でもないし、寺院建築に通暁する専門家でもない。だから、ちょっと困った。

ただ、わたしは、だらだらと「百済観音大好き、大好き」を、つらぬいている。文章にしたり、絵にしたり、いまは愛執《あいしゅう》といってもよいほど、百済観音にこだわっている。

ならば、祝辞は、観音讃歌に徹すればよい。わたしは、心中、なんとなく頭をかかえながら、とぼとぼとマイクの前に立ち、

……そのうち、わたしも仏になります。仏の国へゆくことでしょう。閻魔《えんま》さんに名をかいてもらって、仏の国の戸籍に加えてもらえば、あたりを見渡して、どんな仏さまをさがすのでしょうか。

きっとわたしは、百済観音さまをさがすことでしょう。百済観音さまは、ひときわ細く、ひときわ背の高い仏さまですから、すぐ見つかると思います。そこで、なんと申しあげるとよいのでしょうか。おそらく、

「わたしも、鬼籍に入れてもらいましたので、このうえは、百済観音さまのもとで、すごさせていただきたいのです」

と。いいかえれば、百済観音さまの親戚のはしくれにして下さい。と、とてもあつかましいお願いですが、どうぞ聞きいれて下さい。お願いです。

ここにお集りの皆さんのなかにも、おなじことを考えておられる方が、たくさん、おいでやないでしょうか。

といって、わたしはなんかわけのわからぬ祝辞を終えた。

何日かがたった。日はおぼえていない。

高田管長さんと大野玄妙執事長（現、管長）さんが、やってこられて、わたしに『大寶蔵』の額の字をかけ、といわれた。わたしは、とても驚いて、さらにとても光栄なこと、と思った。もちろん、喜んで、かかせてもらいます、と申しあげた。

また、何日かがたった。その日は、しっかりおぼえている。といっても、新聞記事のスクラップをたしかめたからである。新聞の記事（朝日新聞、平成十年十月二十二日）は、

斑鳩町の法隆寺で二十一日、大宝蔵院百済観音堂の落慶法要を前に、中門の開門と、法要の始まりを告げる蜂起之儀《ほうきのぎ》が営まれた。

午後一時前、あいにくの小雨の中を十年ほど前に作られた聖徳太子像を輿《こし》に乗せ、紫、緑、白など鮮やかな彩りの袈裟《けさ》に着飾った一山の僧たちが行列をつくり、堂の入り口に当たる中門の前に勢ぞろいした。

書家の榊莫山さんが揮ごうした「大寶蔵」の扁額《へんがく》を除幕した後、管長時代に百済観音堂の建設を発願した大野可圓長老（八一）が「ご開門」と発声し、門を開けた。

「如来座像頭部　魏」のほんのりとした微笑み

「如来像頭部　魏」左右とも写真・名取洋之助『麦積山石窟』(岩波書店)

この後、中門で般若心経を唱え、落慶法要の無事を祈った。大野長老は脳こうそくで一時入院し、今は自宅でリハビリ中だが、車いすで参列。「こんなに立派に出来るなんて……。皆さんのお陰です」と喜んでいた。

午後六時からは大鐘を打ち、南大門など主要な門の前でほら貝を鳴らした。落慶法要は二十二日から二十六日まで営まれる。


と、報じていた。

できあがった百濟観音堂に立つ、百濟観音は、とてもすんなりと、ゆったりした空間に立っておられた。

かつては、玉虫厨子や橘夫人厨子のあいだに立って、なんとなくきゅうくつそうであったが、ここにきて、もうやすらぎいっぱいの微笑《ほほえ》みをたたえて、神秘的なムードをさらにいっぱいただよわせているではないか。

この微笑みこそ、麦積山の微笑みそのもののように思えてならない。ほどよい照明のもとで、ゆったりと立つ百濟観音の微笑みこそ、これぞ〝千年の微笑み〟といわねばなるまい。

わたしは、この像は、天竺の像というよりも、六朝《りくちょう》人の彫刻としなくては、ならない、と勝手にきめてかかっている。もう四十年も前から、そうきめているのである。

というのも昭和三十二年（一九五七）の春だった。岩波書店から『麦積山石窟・名取洋之助』というのが出て、いそいで買って帰ってページをくりだした。

のっけから、でてくる仏の顔（七ページ）は、百済観音のムードそのままである。面長の顔といい、ほんのりとした微笑みようといい、百済観音を思わせることしきりではないか。そして、十六ページに、横顔の仏さまがでてきて、その横顔は、もう百済観音とふたりっ子そのものだ、と思った。

この写真集を前にして、この原稿をかいているのだが、序文は和辻哲郎である。そのなかで、和辻は、麦積山の仏は、わが推古仏に実によく似ている——という。

推古仏は、飛鳥文化のシンボルといってもよい。日本ではじめてくりひろげられた仏教文化は、北魏や六朝の文化的影響のもとで展開。その遺品の多くは、法隆寺にのこされた。

百済観音とのかかわりは、わからないけれど、さもありなん、と思いたくなってくる。

とは言うものの、法隆寺の百済観音の由緒《ゆいしょ》来歴は、はっきりしてほしくない——と、わたしは思っている。あまりはっきりしてしまうと、あの謎めいた微笑みから夢が消えてしまう。

微動だにしない直立長身の仏の微笑みは、ただただ小さな唇だけの表情ではない。聡明な額から頬へ、目も鼻すじも口もとも、ほんのわずかに、目にみえるか見えないか、ほんのり笑っておられるのだ。

法隆寺を訪れて、いきなりこの百濟観音の前に立つのは、よくない、と思う。気分をたわめ、情緒をときめかせながら、その微笑みに出逢うのがよい。

松の林のトンネルをあるいて、法隆寺南大門をくぐってからでも、百濟観音への道は遠い。わたしは、遠ければ遠いほどよい、と思っている。

それほどに、百濟観音はまぼろしなのだから。

昭和十二年（一九三七）の晩秋。亀井勝一郎は、法隆寺を訪れた。大和へゆくなら、まず法隆寺へ、と考えてやってきたそうである。

その日は、ときおり雨の降ってくる日であった。雨のあいまに青い空があらわれて、古色ゆたかな五重塔が、美しいシルエットをえがいていた、という。そして、

「結局私の心に鮮かに残ったのは、百濟観音の姿だけであった。いわばこのみ仏を中心として、他の多くが群像としておぼろげながら眼に浮んでくる」

と、いうのである。

亀井勝一郎の評論は、いささか明快にすぎるけれど、いまのように明るい照明のなかった、とぼしい光のなかの百濟観音なるがゆえ、かえって亀井勝一郎の感性を刺戟したのかもしれない。

はじめて、百濟観音をみたときを、亀井勝一郎は、つぎのように痛烈にえがく。（『大和古寺

風物誌』）

仄暗い堂内に、その白味がかった体軀が焔《ほのお》のように真直ぐ立っているのをみた刹那《せつな》、観察よりもまず合掌したい気持になる。大地から燃えあがった永遠の焔のようであった。人間像というよりも人間塔――いのちの火の生動している塔であった。胸にも胴体にも四肢にも写実的なふくらみというものはない。筋肉もむろんない……

と、いかにも評論家らしいものの見方であり、記述のしかたといってよい。わたしは亀井勝一郎の文をよみながら、「火焔とはなあ」と思ったり、「人間塔とは、なあ」と思ってしまう。人それぞれに、さまざまなことを想わせる百濟観音への道は、広い山内の食堂《じきどう》の横から、大寶蔵院へのイントロがはじまる。

路傍の庭には、やたらイチイの木が植えられて、目をひく。イチイは一位とかいて、とても高貴なムードの植木で、東シベリアの寒い土地にひろく育っているそうな。

法隆寺に植えられたイチイは、北海道の知床《しれとこ》半島の北側のつけねにある斜里《しゃり》町から、遠くはるばるやってきた。

その木が植えられてまもなく、わたしは、高田良信管長（現、長老）から、ことの次第をきかされた。

「このイチイ。先生、よろしやろ。北海道の斜里町にな、イチイを栽培している篤志家がいて、イチイを寄進しましょう、なんて有難いこと言うてくれましてなあ。……」

それが、一本や二本やない。数えてみたわけではないが、何十本とあるので、風景は壮観。百済観音へのアプローチは、尋常ではない。

そんなことを思いながら歩いていると、中門が見えてくる。中門には、わたしがかいた『大寶蔵』の扁額がかかっている。

朱ぬりの軒に、赤い扁額。字は黒い。見上げていると、まぶしさだけが降ってきた。門をくぐって左から、寶の蔵に入るようになっている。近代的でおしゃれな建物のなかには、古い仏がならんでいた。黒っぽい仏たちが、遠い昔のままの顔で、坐っているのにしびれる。

そのコーナーの奥に、あったあ。玉虫厨子《たまむしのずし》が。はじめて逢ってからもう五十年以上。それからなんどもお逢いしているが、お逢いするたびに、なぜか懐しい感じがして、嬉しくなってしまうのだ。

厨子の高さは二メートル余り。さほど大きな仏さまの家ではなかったと思う。それにしてもこの厨子は、四千五百匹分のタマムシの羽がはりつめられていたという。とてもまぶしく、きらきらの厨子だったことだろう。

タマムシの羽は、金と緑と紫の光を発して、この世のものと思えない妖しげで美しく魅惑的。まるで金属の羽か、と思わせるほど不思議な光をみせるのだ。

でも、千年の歳月には、タマムシの光もかてなかった。今は、色褪《あ》せて黒ずんでいる。わたしは、黒ずむ玉虫厨子を眺めながら、思ったな。

あの竹取物語のかぐや姫が、月からきた迎えの車にのせられて、帰ってゆくとき月娥《げつが》の光は玉虫色にかがやいていた——というではないか。

わたしは、この玉虫の厨子には『千年の光』が、いまは眠りに入っているのか、と思う。

そう思いながら、いよいよ『千年の微笑み』に立つ、百濟観音堂へ急いだ。天井の高い堂のなかで、百濟観音は立っていた。

百濟観音をゆっくり拝んで、ゆっくり仰ぎ、思ったことが二つある。

一つは、百濟観音は、また少し背が高くなったのでは——という想いである。物理的に背がのびるはずはないのだが、仰ぐわたしは、そう思うのである。いや、そう想わなくては、いまのわたしの気分がおさまらないのである。

高い天井、やわらかい照明、ゆったりした空間、わたしにいろいろ想わせる条件はいっぱいあって、堂のなかは、微笑み燦燦なのである。

もう一つは、今の若い女性こそ、この仏のまえに立ってほしい、という願いである。夢みる夢の光のなかで、若い人はなにを思うであろうか。と、考えながら、その日、わたしは法隆寺とサヨナラをした。

暮れなずむ西の空は、明るく淡く紫にかがやいていた。

明日香

明日香

明日香の歳月は、風光を変えながら、うつろいつづける。

かつて、詩人の足立巻一は、近鉄の宣伝部がだしていた〈沿線風物誌〉というシリーズのなかの『飛鳥』の冒頭で、こうかいている。

飛鳥の旅は、古代を幻想しながら、ひとりゆっくり歩くべきものです。ここには、まだ観光バスの土ぼこりはなく、風物はすべて清澄です。……

と、これは昭和四十年ごろの明日香への感懐である。

が、そういう風光は、どれだけ明日香を歩いても、もうない。明日香へゆけば、明日香の原風景に逢いたいものである。

わたしは、平成十二年（二〇〇〇）九月十日、明日香へでかけた。あまり、いい天気の日ではなかった。

わたしは、明日香の原風景は、冬野《ふゆの》の里にある、と思っている。まっさきに、冬野へゆこうと思いながら、蘇我の馬子の墓という石舞台をめざした。

吉野への道から左に折れると、石舞台。その辻に、

梵字　右はよしの
　　　左たふのみね

その頭に切れ味満点の梵字をおいた、地上二尺の道しるべ。
その昔、吉野へ急ぐ旅人たちも、足をとめたにちがいない

と刻んだ古い道標がある。

かってわたしは、『野の書』(創元社)という本のなかで、この道標のことをかいた。『路傍の書』(NHK出版)にも、この道しるべをのせている。とてもわたしのお気に入りの道標なのだ。

この道標にふれて、すこし道草をすることにしよう。

はじめて、この道標を安もののカメラにおさめたのは、昭和三十年代のおわりだったと思う。

まだ、明日香には、古りにし里の息づかいがあった。あたりの道は土の道。その辻にせまい小川が流れていて、板のような石が、ガタゴトならんでいた。小川の水は、その石の板の下を流れていた。小さなメダカが群れを

なして泳いでいた。時折、ドジョウが走って泳ぐ。

　土の道では、子供がしゃがんで、遊んでいた。その日、とてもいい写真がとれて嬉しかった。ガタゴト石のかたわらに、いい顔をした道標がたち、その向うには、子供が数人。子供の彼方に石舞台への坂道がうつっていた。

　道標の〈右はよしの　左たふのみね〉の字の上には、一字、梵字が彫られている。字も梵字も、筆の立つ人の呼吸がのたうっている。のたうっているけれど、重くはない。とてもおしゃれな文字なのだ。

　近くには、岡寺がある。橘寺もある。寺には、肝《きも》ッ玉のすわった老僧がいて、村の衆のたのみにこたえて、この道標の字を一筆毫《ふる》ったにちがいない、と思うてしまう。

　その筆づかいの呼吸を、じっと見ていると、拝みたくなってくる。そうよ、なあ。むかし、吉野や多武峰へいそぐ旅人たちも、この辻で、この道しるべを拝んで、旅を急いだことだろう。

　むかし、ぼんやりとこの辻で、いろんなことを想っていたが、今は、とてもじゃないが立ってられない。土の道は、アスファルトの道にかわり、車やバスがゆきちがう。

　坂をあがると、石舞台。だが、この石舞台の風景は、もうあきれかえってしまうほど変ってしまった。ここで、それに腹をたてていては、めざす冬野の里へゆくイメージがつぶれる。石舞台のことは、冬野の里からの帰りみち、語ろう、と思う。

思いながら、坂道をのぼった。左の土手には、マンジュシャゲが咲いていた。真《ま》ッ赤《か》なマンジュシャゲのなかに、白いマンジュシャゲが咲いていた。

マンジュシャゲの、ほんとうの名は、ヒガンバナ。白いほうは、シロバナヒガンバナとややこしい。

が、赤いほうのヒガンバナは、地上にさく曼珠沙華《まんじゆしやげ》。白いほうのシロバナヒガンバナは、なんと、天上に咲く曼珠沙華といわれているのだが、明日香には、天上の曼珠沙華が、ひっそり咲いていたのである。

また、道草をくってしまったな。早く冬野へ急がねば、石舞台から冬野への山道は、二里。うねりくねって、とてもけわしい。いわゆる葛折《つづらおり》の山道である。

山道には、山道の風情《ふぜい》がある。いきおいよくヤマゴボウが立っていたり、イタドリの太いのが背のびしていたり、もう九月というのに、まだ夏がのこっていた。ことしの夏は長く、いつまでも暑さがつづく。

冬野の里のすこしてまえに、上畑という在所がある。こんどは、ほんとうの道草だな、と思いつつ、わたしは上畑の里へと坂をくだった。急な坂である。家は少ない。

上畑に用はないのだが、わたしは誰もいないこの里の山寺をのぞいてみたかった。

この寺に、小説家の五味《ごみ》康祐《こうすけ》が、落人《おちうど》暮らしをしていたのだ。わたしは、その寺の縁側に腰をおろして、五味康祐のことを思いだしたかった。

彼は、名古屋で車の事故をおこし、なにを思ってか、ここ明日香の奥の院ともいうべき上畑の山寺へやってきた。明日香の野には、人ぞ知る寺が多い。なのに五味康祐は、野の寺をさけるようにして、住職もいない山の寺をえらんでいる。

満面ヒゲ面《づら》に和服を着流して、いつも雪駄《せった》をはいていた五味康祐である。その風貌に、剣豪小説はよく似あっていた。彼はこの寺で、しばらく小説をかいていた。きっと世の中から逃亡したかったのだろう。

寺は、草に埋もれていた。五味康祐は、もうこの世にはいない。クモの巣のはる雪隠《せっちん》をのぞいてみたが、所贔屓《ところびいき》の虫さえいなかった。ただひとり、庭のサルスベリが、咲きのこりの花もひっそり、夏がゆく——と風にゆれていた。

ああ、あ。とわたしは五味のことをふりはらって、山道へもどった。スギやヒノキの林のかげで、シシウドが花もたわわにのびていた。

ひときわ、こんもりの林が見えたとき、あれがナントカ親王の冬野の墓だったな、と思いだした。山は、サツキやヒサカキ、それにサカキやヒノキの森である。両脇の刈り込みがきれいな石段をのぼりつめると『良助親王《りょうじょ》冬野墓』と彫った、さして大きくはない石標がたち、あたりは、しめっぽい山の空気につつまれていた。

亀山帝の皇子という良助親王。歴史の表舞台にはまるで顔を
出さないままに、この冬野の里にしずかに眠る

冬野の里はいっきても、にぎわう明日香に背をむけて、ひっそり閑《かん》としているのがたまらない。こんな誰訪れる人もいない山中で眠る良助親王なんて、いったい誰なのか。

亀山帝の皇子というのだが。亀山帝は、元のフビライが、入貢を強要しはじめたころ、国難にまきこまれて、うんざりしながら帝位を後宇多に譲っている。ときに、南北両統の迭立《てつりつ》にまきこまれ、失意のあまりに出家した。

良助は、その皇子というのに、歴史に顔をださなかった。そしてわざわざ、明日香の山の尾根たかく、なんで墓を作ったのか。なんかわけがありそうだが、そのわけはわからない。

「冬野には、むかし天皇という名の地があったんや」と、いつか近くに住む石田仙次さんから、聞いたことがある。「そのへん、畑やったが、あんまりもったいないので、木を植えて山にしてしもた」。そして「そのころ親王の墓を、ここへもって上ったそうやデ……」。

「いつごろのことやろ」と、聞くと、石田さんは、「そんなん知らん。聞いてへん」と、返事はおおらか。きっと、この墓には、知られたくないわけでもあるのか、と思ったものだ。

それなら、そっとしておくのが、自然というものだろう。人が、あまりいじくってはならん、ということかもしれない。いじくるのは、明日香の野だけでよろしい、と、山の風のいい分をわたしはじっと聞いていた。

それにしても、墓標の楷書《かいしょ》の文字がよい。ものほしげさはみじんもなく、鋭い目をして淡々と、爽快このうえない気分を宿しているのだ。気韻《きいん》清浄。この山に棲《す》む苔《こけ》むした字に魅《ひ》かれる。明日香の野を歩いても、これほど透明な楷書の字は、みあたらないのである。

そんなことを思いながら、わたしは石田仙次さんの家のある冬野の里へと、道をいそいだ。里の家は、片手の指で数えられるほど少ない。山の尾根のわずかな平地にたたずむ里は、この時代、とても生活に不便なのである。

登ってきた山道は、むかしは大峰山《おおみねさん》へのぼる本街道であった。大峰山は、むかし、修験者たちの道場ともいうべきところ。ただし、大峰山という一つの山ではなく、奈良県南部に屹立《きつりつ》する諸峰の総称である。諸山重畳《ちょうじょう》して、和歌山県熊野に及ぶ壮大な山脈といってもよい。

この大峰山系は、日本でいちばん雨が多く、霧も深い。動物や植物には、気分のいい山山だが、むかしからこの山山へ迷いこんで、行方《ゆくえ》しらずになった、という話も、よく耳にする。だからというわけでもないだろうが、この大峰山の連峰にそびえたつ山の名は、なんとなく仏くさい。主峰がまず仏教ヶ岳。二千メートル近い山である。

そして、北から南へと、大普賢岳・行者還岳・仏生岳・釈迦ヶ岳・地蔵岳・涅槃岳……など、その名はとても抹香《まっこう》くさいではないか。神秘の尾根に、行者や修験者は、よく似あう。ある種の信仰とあこがれを抱かせるこの大峰山は、恐ろしいと思われる一方、人人の心をひきつけつづけた。

冬野の里から吉野へ、さらに川上村から山上ヶ岳へと、大峰山への本街道は、山の尾根を走ったり、谷をかきわけたりしながら、修験の道はつづいていた。

冬野の里には、行者を泊めたり旅人を憩わせたりする宿もあったそうな。民家とて沢山あったことだろう。

それが今、姿をのこしているのはたったの四軒。そして、毎日煙を立てているのは、石田仙次さんの一軒だけだ。他の家は、住みづらい冬野をあとにして、山をくだってしまったのである。

その日、わたしは良助親王の墓から、ほど近い石田さんの家を訪ねた。さいわい奥さんがおられて、

「隣の木村さんも、爺《じい》さん独りになってしもうて、子供のところへいってしもた。土曜、日曜は帰ってくるけどな」

「さみしいことで」

「そうや。一週間のうち、四、五日はさびしいでんな。でも、きんの（昨日）は祭りでして、みんな帰ってきたけどなあ」

そういえば、石田さんの庭には、ピカピカのワゴン車がとまっていた。

「息子は、一晩泊って、今日は道作りにいってるわ」

山の里には、田んぼは見当らないが、あちこちに畑がある。畑へゆく小道を、きれいにするのが、山の道作り。

わたしは、裏山にある波多神社をのぞいてこようと、細い道をかきわけた。坂道は急。その両側に畑がある。畑のゴボウは、わさわさと葉を茂らせていた。アズキは、きれいな黄色い花をつけていた。

わたしは、ゴボウの葉っぱと、アズキの花に、明日香村の原風景を感じた。そうそう、初夏のころ訪れたとき、良助親王の墓のまわりでは、可憐なササユリが咲いていた。甘い香りを放って、親王の魂をなぐさめていた。

それにしても、この高い山の尾根に、天皇なんていう地名があったり、親王の墓があったり、なぜだろうと首をかしげてしまう。

しかし、よく考えてみると、明日香政府のころは、暗闘や略奪の連続だった。

蘇我稲目《いなめ》は、仏教うけ入れに反対する物部尾輿《もののべのおこし》と暗闘をくりひろげたし、馬子は、物部一族を殺しつづけ、ついに崇峻天皇を殺して、その日のうちに陵へ葬《ほふ》っている。馬子は手荒い男であった。

蝦夷《えみし》は、権勢天皇家をしのいで、自分の墓を陵といったり、子の入鹿《いるか》が誅《ちゅう》されたとき、その家に火をつけて自刃している。入鹿は、政治をほしいままにしようと、山背大兄《やましろのおおえ》を殺している。

そういう暗闘をのがれて、天皇のなかには、ひそかに冬野へかくれたのもいたにちがいない。冬野の人は、天皇のいた所をそのまま、天皇という地名にした、と思う。

もうすぐ、山は紅葉しはじめるだろう。山の自然は変ることなくめぐるけれど、人人はなにかと、変る宿命をもつ。唐の詩人・劉廷芝は、いみじくもそれを詩にしている。

　年年歳歳　花相ヒ似タリ
　歳歳年年　人同ジカラズ

と。

山をおりる途中、曲りかどに、明日香が一望できる台地がある。

眼下には、黄金に光る田園、人家、うねる道、数えきれない丘陵と丘が、大和平原に浮かんでいる。

真正面に、少し肩をいからせた畝傍《うねび》山《やま》。右手に足をのばして寝ているような香具《かぐ》山、その向うに居ずまい正しい耳成《みみなし》山――と、大和三山はかすんでしっかり眠っていた。

いつまでも、山にいるわけには参らない。わたしは、まがりくねる山道をくだって、石舞台へ立ち寄らねばならぬ。

さて、明日香のジョーカー・石舞台は、蘇我馬子の墓という学者もいる。かつて、評論家の

小林秀雄は、

……この邊《あた》りの風光は朝鮮の慶州邊りにいかにもよく似た趣があると思ひながら、うろつき廻ってゐると、どうもこの墓は、馬子の墓といふ事にして貰はないと具合が悪い氣持になつてきたのである。

と、書いている。(『小林秀雄全集』新潮社)

これは、朝鮮戦争のはじまった昭和二十五年(一九五〇)の文章である。そして、馬子の権勢にふれ、仏教を語り、聖徳太子を徘徊しながら、さらに、

馬子の墓の天井石の上で、辨當を食ひながら、わたしはしきりと懐古の情に耽《ふけ》った。實を言へば、以上書いてきた事は、この時、頭の中を極めて迅速に往来した想念に、尾鰭《おひれ》をつけてみたまでのことだ。……

とも、いう。

墓がこの野に造られたとき、巨大な石組みの上に、こんもりと土を盛った豪華なオブジェであった、と思う。推古のころは、それをみて人人は、桃源《とうげん》の墓と呼んでいた。桃源というのは、仙境のことである。いうなれば、俗世間をはなれた別天地、といってもよい。

血で血を洗った蘇我一族の大ボス・馬子の墓が、なぜ別天地なのか。なぜ夢のような桃源郷

明日香

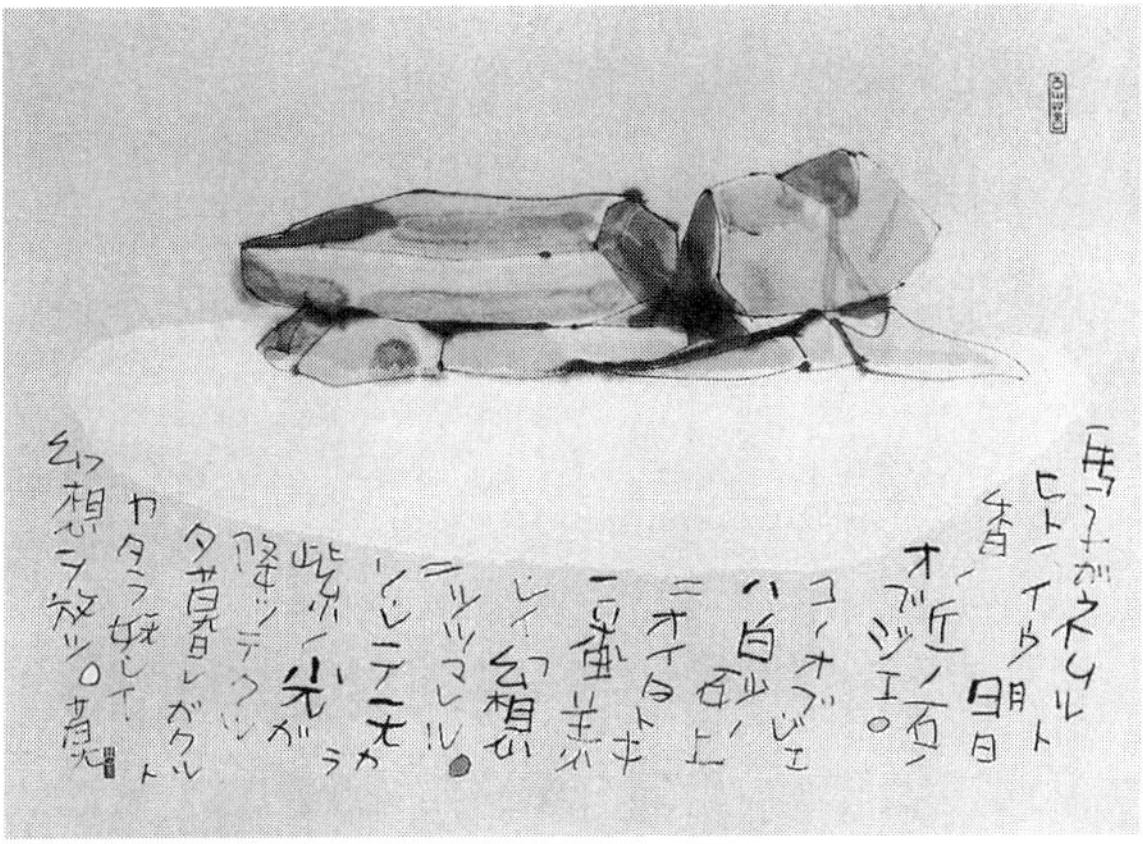

馬子ガネムルトヒトノイウ
明日香ノ丘ノ石ノオブジェ。
コノオブジェハ
白砂ノ上ニオイタトキ
一番美シイ
幻想ニツツマレル。
ソシテ天カラ
紫ノ光ガ降ッテクル
夕暮レガクルト
ヤタラ妖シイ
幻想ヲ放ツ。

なのか。

馬子の血統は、稲目・馬子・蝦夷・入鹿と流れている。どれもこれも、なかなかのつわものだった。イメージはあまりよくない。庶民は、馬子が死んだとき、「やれやれ」と思ったにちがいない。

その「やれやれ」がひっくり返って、土を盛ったオブジェの墓を、桃源と見たのか、と思う。小林秀雄が、「蘇我馬子」をかいたころは、あたりの風光に幻想がのこっていた。風光が慶州のあたりに似ている——と、小林秀雄がいったのは、風も光も痩《や》せていたからだろう。

墓をおおっていた土は、ながい歳月に流されてしまった。近くを流れる冬野川へと流れこみ、どこへともなく運ばれていったのだ。

土を流され、石の裸形となった墓は、ぽつん、と野に立っていた。石の姿は、どれほど奇怪であっても、あたりの畑で、村人は何くわぬ顔をして、農事にいそしんでいた、のを思いだす。いい風景であった。

石の重畳は、なんと二千トンだ、という。どこからどうして運んできたのか。巨岩の下はトンネルになって、ムードは物騒そのものだ。無気味なのである。

まだ土におおわれていたころは、さまざまの宝物がこのトンネルに、埋められていたと思う。天皇よりも権勢をきかせていたボスの墓だから、はかりしれない宝物に満ち満ちていた、と思う。

おそらく、腕っぷしの強い、そして欲のふかい盗賊がやってきて、埋もれていた宝物を掘りおこし、月夜の晩に運び去ったにちがいない。宝物を失った巨大な石の重畳も、わたしには、痩せた風光に思えてしかたがない。

が、この石舞台は、昭和二十九年（一九五四）、特別史跡となった。石舞台をのぞむ路傍に、背の高い碑がたてられた。

特別史跡石舞台古墳

と、文字はとても堅牢《けんろう》で、乾いたあたりの風光に映えていた。書いたのは、わたしの師匠・辻本史邑《しゆう》である。

史邑の書は、活量の大きい呼吸のなかで、タッチは絶妙をきわめている。悠揚で重厚な骨法には、ふかく六朝《りくちょう》の書法が沈み、大和平原にある石の文字の王様といってよい。

この碑がたったころは、あたりに木はなにもなかった。のに、いつのまにか、木を植え垣をめぐらせて、垣は、碑の字をかくしてしまった。生垣というのは背がのびる。わたしが『続・路傍の書』（NHK出版）にのせた写真では、〈特別史跡石舞台古墳〉の古墳の二字は、完全に見えなくなっている。

そして、今回訪れてみると、なんと大切な石舞台古墳の五文字が、生垣にかくれてしまって

『続・路傍の書』に載せた、「古墳」の文字がすっかり生垣に隠されてしまった石碑。今は「石舞台」の文字もみえない

いるではないか。

わたしは、『続・路傍の書』の文章を、

……おまけに切符売りの番小屋をたて、ビニールの屋根。ああ、明日香のジョーカー・石舞台から、古代の幻想は消え失せて、ちゃちな見せものになったのが淋《さび》しい。

と、むすんでおいた。

この調子でゆくと、あと十年もすれば背の高い碑が、すっぽり生垣にかくれてしまうにちがいない。村には、村長もいることだろう。村会議員もいることだろうに、石舞台を、ちゃちな見せものにしてしまったのは、いったい誰なのか。

道をはさんだ彼方の畑は、すっかり変わっている。〈国営飛鳥歴史公園・石舞台地区〉なんて、姿のよくない石に、下手な字を彫りつけて、台石の上にすわらせているのだ。

辻本史邑の凄《すご》い字と、向きあっている風景に、わたしは文化や芸術がなにもわかっていない日本の政治の貧しさをみて、腰をぬかしてみつめていた。

そのかたわらに、壮大な駐車場や土産物屋。これでもか、これでもか、と押しよせてくる力に、なにも言えぬ気分となってしまう。

なんべんも言うが、このあたりは、いわば明日香のジョーカーである。切り札は、もっともっと大切にしなければならぬ。

むかしの野原のままでは——というのなら、石舞台の周囲をもっと広くして、へんな姿の柵や木をとりはらって、一面砂でもしきつめるのがよい。そのイメージは茫漠、も少しはなれたところから、古りにし歴史のオブジェを、じっくり眺めるようにしてはどうだろう。あたりに何もないことが、茫漠とした明日香の歳月を、しみじみと想わせるに、ふさわしいとわたしは思うのである。

くせ者・蘇我馬子の眠りは、野のはてで、裸のままの姿がふさわしい。風雨や盗賊が、あばきにあばいた裸形こそ、歴史を痛烈によみがえらせてくれるのだ。

木はいらない。柵もいらない。番小屋もいらない。切符を売って金をとるのはやめたほうがよい。姿を四十年まえの姿にもどすのだ。

しきつめられた砂のまんなかへ、さりげなくぽつん、とおかれたとき、石舞台は息をふきかえす、と思う。

いまのまま、二重の柵なんて、もうわたしには、まったく檻《おり》にみえてくる。植えてある木木は、檻の中で息たえだえの巨岩への供華のように思えてならない。

こういう風景は、なにも明日香の石舞台だけやない。越後は良寛の五合庵《ごごうあん》へいったとき、五合庵の正面に、とてつもない大きな賽銭《さいせん》箱がとりつけられていた。

良寛という、日本人の原風景ともいう人の、ささやかにすごした小さな庵《いおり》に、なんと、どでかい賽銭箱。カメラにおさめたい五合庵だが、わたしはファインダーをのぞく気にならなかった。

良寛が、にょっこり、ここへ現れたなら、いったい何と言うことやら。思っただけでも、はずかしい気がしてならなかった。

吉野の西行庵をたずねたときも、そうだった。むかし、西行庵は草のなかでひっそりと眠っていたのだが、いまはどうだ。

あたりはなんだか、ふつうの小さい公園さながらで、やたら欲のふかい気分の看板が立てられて、その俗化ぶりはとても見てられない気分にさせられた。

庵の中をのぞいてみたら、ああ、西行のつまらん模型が坐っている為体《ていたらく》。

明日香にかぎらず、この吉野でも、観光協会とか、村や町の役人が手をかすと、風景はこわれ、すぐ見せものになってしまうのだ。

良寛、そして西行。さらに芭蕉でもおなじ。むかし伊賀と伊勢をわける長野峠で、芭蕉は、

初しぐれ　猿も小蓑《こみの》を　ほしげ也

という句をよんだ。

この句を、三角の自然石に彫った句碑が長野峠の杉の木かげでねころんでいた。木洩日《こもれび》を身に浴びて、気分のとてもよい文学碑であった。

ああ、それなのに。いまは、道ばたの高い土手のうえにひきずりおろされて、石やサツキに飾られて、文学碑というよりも、まるでお墓さながらになってしまった。

思うに、文化というのは、ものを言わない。言わないことをいいことにして、俗っぽい人間は、明日香にしろ、越後にしろ、吉野や伊賀にしても、小さな文化遺産をめちゃくちゃにして、満足している。

わたしは、石舞台の路傍の石に腰かけて、木や番小屋や生垣に邪魔されて、見えない石の馬子の墓を、想いながら、今日はもう、どこへも寄らずに帰ってしまうか。と思いながら立ちあがった。

さあ、帰ろかな。と思って、ゆるい坂をくだった。あの〈右はよしの　左たふのみね〉の道標のある辻で、とつぜん、気が変った。というのも、馬子の墓らしい石舞台とさよならして、なんとなく入鹿の墓もみておかなくては、と思ったんだ。

馬子の墓は、とてつもなく大きいが、入鹿の墓はとても小さい。ふつう、〝入鹿の首塚〟と呼ばれて、飛鳥寺（安居院《あんごいん》）の隣にある。ときにこの寺を飛鳥大仏という人もいる。

飛鳥寺は、日本最古の寺という。むかしは、大きな寺だった。寺域二百メートル四方。朝鮮は平壌の清岩里廃寺とよく似た寺であったという。

が、いまは小さい寺である。この寺について、わたしは『続・路傍の書』にこんなふうなこ

これも『続・路傍の書』に載せた写真。昔、辺りは畑で、蛙が文字の中で雨宿りできる程、力づよく、深く彫られた大仏讃歌だったが、今、辺りは駐車場。どこにあるのやら

とをかいている。
……むかし、飛鳥で政治らしい政治がはじまり、文化らしい文化は、このお寺のあたりで動きゆらめいたという。藤原鎌足が中大兄皇子と、蘇我氏打倒を相談した蹴鞠《けまり》大会は、この寺の庭のツキの木かげであったといい、蝦夷《えぞ》や隼人《はやと》がやってきて、グロテスクなおどりを踊りながら盛大なパーティーを開いたのもここである。
明日香の村に、まだ明日香らしい明日香があったころ、この〈飛鳥大仏〉と彫った碑のまわりは畑だった。雨降る日には、小さな蛙《かえる》がこの碑の文字を宿にして、じっとイモの畑をながめていた。（中略）
いつとはなく観光のブームは、イモの畑を追いやって、あたりに広い駐車場が誕生し、いまはむかしの風景はなくなった。（後略）
と、いうのだが、そのご〈飛鳥大仏〉の碑は移されて、いまどこにあるのやら。その日、モンスターもどきの大きな観光バスがならんで停っていて、石碑をみつけることができなかった。
この飛鳥大仏（飛鳥寺）は、蘇我馬子が建てた寺。その寺の庭で、蘇我氏打倒の謀《はかりごと》がささやかれたなんて、歴史の皮肉を思わせる。
そして、その飛鳥寺のすぐ西の、田んぼのなかに、むかしから蘇我入鹿の首塚があるんだから、もうどうしようもない。

入鹿は、政治の中枢にあって、とても大きな悪玉であった。すったもんだのすえ、飛鳥板蓋《いたぶき》宮でのセレモニーの場で、暗殺された。殺された入鹿の首をひきずって、誰かが、この田んぼに埋めたのか。

いまは、土を盛ったすこし高い所へ移されて、かこいの柵などにかこまれて、なんとなく肩をおとして立っている。

ふつう首塚と呼ばれているが、なかには、いやいや、あれは胴塚だという人もいて、ややこしい。塚とはいうが、墓は五輪塔である。鎌倉期の五輪塔だそうである。

馬子の石舞台をみてきた目には、ほんとに入鹿の墓かいな、と思ってしまうけれど、みんな入鹿の首塚といっているんだから、そうだよな、ということにして、わたしは、こんどはほんとうに、家に帰ることにした。

蘇我氏の邸宅があったという、甘樫丘《あまかしのおか》を眺めながら、わたしは帰路をいそいだ。入鹿のたてた邸宅の構えは想像さえできず、この丘が蘇我氏終焉の地であるという話を思いだす。

明日香というのは、懐《ふところ》がふかい。ふかすぎて、どうしようもないな——というのが、わたしの明日香にたいする感懐である。

西《にし》の京《きょう》

西の京は、奈良市の西部。

といっても、どこからどこまでが、西の京なのか。地図にかいてあるわけでもなく、誰もしっかりわかっていない。

ただ近鉄電車に『にしのきょう』という駅があり、駅のちかくに薬師寺や唐招提寺がある。だから、西の京を徘徊する人は、とても多い。

むかし、この駅の前に、松田正柏《しょうはく》という陶芸家がすんでいた。屋根の棟《むね》に土器をならべ、玄関はいつ訪れても、がらんとして留守さながらの風情《ふぜい》だった。

かつて、志賀直哉とは、息が合ったのか、志賀直哉の日記にも、この松田正柏がでてくる。昭和八年（一九三三）五月二十七日の日記には、
四時すぎから子供達をつれて西大寺へ行く。植栖に一寸より垂仁陵から西の京へ行く。塩せんべいを百姓家にて求め、一寸正柏の家へよってかえる。

というのだ。松田正柏の陶器が好きで、正柏の人柄が好きな志賀直哉は、用があってもなくても、正柏の家へ立ちよっていたらしい。

正柏は、いまから思うと、無骨《ぶこつ》で朴訥《ぼくとつ》な男だった。よくしゃべる男でもなく、相手の気持ちに立ち入るでもなく、生涯、自分のことだけ考えている男だった。自分のこととは、自分の陶器のことだけ考えていればよかったんだ。しあわせ、ここにつきるという顔をしていた。

大正五年（一九一六）の生まれだから、わたしより齢《とし》は十歳兄貴分。

この正柏と、どうして知りあったのか、いま、いくら考えても思いだせない。何年つきあっていたのか、それも記憶にない。こういう記憶にない時を感じさせる男って、そうそういるものやない。

正柏からは、ときどき電話がかかってきた。朝早くかかってきたり、日が暮れてからだったり。松田正柏は気随気儘《きずいきまま》の男だった。電話にでると、

「どっ。どうですか」

というのが口癖であった。あんた、いま、どうしてる、というのである。そんなとき、陶器の話を持ちださないと、話はつづかないのだ。

電話がかかってくるときは、たいてい春とか秋の窯《かま》をあけたときである。

「ええの、でてきましたか」

「へっ。へっ。そうです。へっ。そうです」

これが、そこそこいいのができたから、早く見にこい、という誘いなのである。

ここまでかいて、わたしはスクラップブックをしらべることにした。あれは、いったい何時だったのか。何冊かをぺらぺらやっているうちに、でてきたのが、昭和五十八年（一九八三）六月十一日の読売新聞の切りぬきだった。

そのころ、毎日「今日のノート」というコラムがあって、論説委員がこれをかいていた。その日のコラムの見出しは、〝紫天香《してんこう》〟となっていた。その部分を抜き出すとしよう。

……その茶盌は奈良西ノ京にある正柏窯から、去年の秋に現われた。秋窯が開かれた直後に、誘いを受けて訪れた書家の榊莫山氏が一見してしばらく息をのみ、そうして「これは紫天香《してんこう》ですな」と口走った。それがそのまま、この茶盌の名となっている。紫天香とはどのような色なのか。これは名付け人である莫山先生の言葉を拝借するほかない。「正柏さんの生んだ紫の翳《かげ》りの妖《あや》しさ。その紫は、明けゆく空の紫よりも、トルコキキョウの紫よりも、美しいと思った。紫というのは神仙の色、紫の語感ははなはだ神秘的。これ（紫天香）は、まるでその神秘のしずくの色と言いたい。人間の作り出した色というより、天の色」

……。

と、ある。論説委員長の中川友吉さん文だった。

わたしが口走ったばかりに、茶碗が『紫天香』となってしまった晩、正柏さんから電話があった。

「あっ。あれ。紫天香ですか……」

と、昼間のほめ言葉を復習せよ、というのである。松田正柏という人は、可愛い人だった。

なんべんも、なんべんも、わたしに紫天香の名をしゃべらせて、溜飲《りゅういん》を下げ、安心しつくしたら受話器をガチャン。とてもかなわん、と思ったこといくたびぞ。

こうかきながらも、正柏さんの姿が目に浮かんでくる。

正柏さんの陶器は、庭の奥の庫《くら》にかくしていた。松田正柏という男は、変り者であったから、訪ねるたびに、彼は応接間とその庫をいったりきたりする。見てほしい陶器をかかえて、庫からだしてくるのだ。

それが、一つや二つではない。十点とか二十点とか、赤ン坊をかかえるようにして、ほほえみながら、いったりきたりするのである。

奥さんは、お茶の名手で、おいしい抹茶《まっちゃ》をだしてくれるのだが、松田正柏に声をかけるでなし、ふりむくでなし、ひたすら二人は、おのれの世界を楽しみつくしていた。わたしはこの夫婦を眺めながら、ほほえましい――と思ったな。

そして、松田正柏は、抱えこんでいた陶器とほほえみだけをこの世にのこして、天へかえっていった。それが何時だったのか、記憶にない。屋根の棟にのっていた陶器の風景は、まだわたしの目の底にやきついている。

が、庭の庫も、応接の館も、いまはなにもなく、近鉄『にしのきょう』の駅前には、松田正柏の思い出だけが、ただよっているのである。

この稿をかき終えたら、わたしは正柏の白い茶碗で、一服の抹茶をのもう、と思う。

もう一人。西の京にいた変哲者《へんてつもん》の話。

薬師寺の東にひろがる田園のなかに、農家が散在している。

むかしもむかし、この辺りに古い都の四条通りがとおっていた、という。その田園の中に、ナタネ油をたいて、煤《すす》を採《と》っている家がある。

墨の都・奈良にある墨屋と、伊勢の白子《しろこ》の墨屋が使う油煙《ゆえん》の煤は、ほとんどこの一軒の小島さんの工房で生まれているのである。

ご存知のように、墨の原料は煤と膠《にかわ》である。小島さんとこは、小島油煙という名である。油煙の煤とり専門や、というのである。

油煙の煤からできた墨は、油煙墨。

松煙《しょうえん》の煤からできた墨は、松煙墨。

松煙墨は、松の樹脂《やに》をたいてでる煤でつくられ、この油煙と松煙の墨というのが、墨の世界を二分する。

わたしは、墨の本をかこう、と思っていたので、昭和五十年（一九七五）ごろ、この小島油煙をよく訪れた。主人の多治郎さんは、まだ元気で、いろいろと墨の話・煤採りの話をおしえてくれた。

タバコ好きな多治郎さんは、六十年来煤を採りつづけた頑丈な手に、白いタバコをなにげなくはさんで、世の中の変りように話をむける。

「昔は、種《たね》（ナタネ）炒《い》って粉《こな》にして、蒸気むししたもんや。蒸したやつを手じめして、地下沈澱させてのう。二十五日。……」

手間のかかる仕事やった。そうやから、ええ煤が採れた。

「種は大和のナタネから？」

「ちゃう。ちゃう。わしゃ、九州まで買いにいったでえ。阿蘇山の麓までのう」

「ええ煤、求めて」

「そや。あこらは米がでけへん。ええ米ほしがるんで、米とかえことしたもんや」

と、うれしそうに語ってくれた。秋、大和の米ができると、大八車《だいはちぐるま》に米俵をつんで、多治郎さんは九州へ向った、そうな。

とぼとぼ車をひいて、九州まで。煤への情念が、多治郎さんをかりたてた、と思う。米をわたして、ナタネをもらい、車につんで帰ってきた、という。

ナタネ油を吟味して、「ええ煤、作ったらんと」と、多治郎さんの話は熱をおびてくる。

「せんせ。煤採りほどしんどい仕事はおまへんでえ。毎日、毎日、煤吸うての仕事やもんなあ。でてくる糞《ふん》まで、そらもう、まっ黒や」

煤を採りつづけた頑丈な手にタバコをはさんで話す小島多治郎さん。「せんせ、煤採りほどしんどい仕事はおまへんでえ」

しゃべりながら、タバコ消してはまた吸い、吸ってしまえば、また火をつけて、足もとには、タバコの吸いがらの山がふくらむ。

わたしは、とくべつ上等の油煙墨を、この多治郎さんの煤で造ってもらおうと思った。奈良の町に、一心堂という墨屋があって、この墨屋の主人が、多治郎さんと従兄弟《いとこ》であった。とびきり上等の墨だから、その名を『千花百草』とした。すこし欲ばった名であるが、いっそ造るなら欲ばった名を、と思った。墨は、丸い姿にしてほしかった。

「なら、せんせ。早う墨の形をきめて、入れる字、かいてえな」

と、一心堂の主人。

わたしは円形のなかに、『千花百草』の四字をぐるぐると廻しがきした。反対の裏がわには、樹の形象と、奈良の鹿を二つ。

こういうデザインを考えているときは、とても楽しい。直径が、たったの七センチメートルという小さな墨であるが、できたときを想いながら、心わくわく時をすごす気持のよさ。至福のとき、というのは、きっとこれだろうと思う。

やがて、といっても六ヶ月ほどたって、墨は誕生した。姿よし、色よし、磨り心地よし――というおしゃれな墨が生まれた。

が、墨というのは、生まれてしばらくは使えない。むかしから、墨の成熟は二十年かかる、といわれてきた。いい色をだしてくれるのは、二十年から六十年ぐらいの間といわれてきた。つまり、墨のはたらき盛りは、ちょうど人間のはたらき盛りに、よく似ている。いろんな人が、いろんなことを言うけれど、条件なしに墨のすべてを考えるのは無理である。

一に、煤のよしあしと製墨技術のよしあし。

二に、できた墨の保存状態。二十年五十年と、保存しなくてはならんのだから。

三に、墨とそれを磨《す》る硯石《すずりいし》との合い性のよさ。

まだほかにも条件はあるが、いまあげた三つの条件をぬきにして、墨色を論じることは無理である。小島多治郎という煤採りの名人は、こういう条件を百も承知で、煤を採りつづけた。だから煤ができた――といっても、すぐに墨屋へ渡さなかった。高い天井に、竹を横に吊して、煤のオールドを造りつづけた。

できた煤を上等の和紙につつんで、小さな俵のようにしたものを、い、ぐ、さのひきがらでくみ、竹ざおに振り分けて吊すのだった。

待つこと二年。ときには三年。煤は乾いて、枯れに枯れ、天下無双の煤ができた。いうならば、とびきり上等の煤のオールドといってよい。

煤ができたからといって、おいそれとすぐ出さないところに、多治郎さんのプライドがあった。いや、明治のプライドといってもよい。ものを造る人で、こういう上質のプライドをもった人は、もういなくなった。なんでも金、金という拝金主義の横行する現代、世の中も淋しくなったものである。

ところで、西の京にはいい寺が多い。

薬師寺、唐招提寺、西大寺。そして秋篠寺。むかしは、とても静かな都の郊外という風情も豊かな一帯であった。

その中を秋篠川がながれて、西の京に降る雨は、ほとんどその秋篠川へと流れこむ。

その名のとおり詩情芬芬《ふんぷん》の秋篠川の畔に、腰をおろした西行は、じっと西の空を眺めていた。空の下には生駒の山なみがねそべっている。

あきしのや　と山の里や　時雨らん
いこまの岳に　雲のかかれる

と、いささか感傷的な歌をのこしている。もともと西行という人は、中世の隠者文学の帝王といってよい。その日は、吉野への行きか帰りか。西の京から生駒にかけての眺めは、旅の歌僧の心をとらえたのだろう。

そんな気分というか、野の趣は、秋篠寺にもある。かつて石川達三は、『自分の穴の中で』(昭和三十年)で、この寺を親しみぶかくスケッチしている。

そのころの住職は、世に変り者といわれた堀内瑞善さんだった。石川達三は、この住職のことを〝虚無のなかでぶらぶら遊んでいるような坊主〟という。

寺についていては「山門というほどの山門でもない。小造りな門に秋篠寺と書いた小さな札がかけてあって、門にはとびらもない。はいりたければ勝手にはいれという姿」と、いうのだ。

いささか切れ味のよいかきぶりであるが、堀辰雄の『秋篠寺にて』では、石川達三とは逆に、やさしげに描く。

いま、秋篠寺《あきしのでら》といふ寺の、秋草のなかに寐そべつて、これを書いてゐる。いましがた、ここのすこし荒れた御堂にある伎藝天女《ぎげいてんによ》の像をしみじみと見てきたばかりのところだ。このミュウズの像はなんだか僕たちのもののやうな氣がせられて、わけてもお慕はしい。

（中略）

此處はなかなかいい村だ。寺もいい。いかにもそんな村のお寺らしくしてゐるところがいい。さうしてこんな何氣ない御堂のなかに、ずつと昔から、かういふ匂ひの高い天女の像が身をひそませてゐてくだすつたのかとおもふと、本當にありがたい。

と、エッセー集『大和路・信濃路』のなかでかいている。堀辰雄の美学は、いうなれば病弱の美学といってよい。だから、大和の寺をまわっても、堀辰雄の大和路は、秋の薄日のようなフィルターをとおして描かれるのである。

古来、仰ぐ人拝む人を恍惚の世界へと誘いつづけた秋篠のミュウズ、伎芸天。エレガントな髪にほのかな朱色、「ミス・天女」といいたいほどに美しい

小さく、小さく、そしてさりげなく、うっとりと立っている
文学碑。ねがわくば文学碑はこういう風情でありたい

が、秋篠寺にほれ、伎芸天に恋しつくしたのは、なんたって川田順である。

歌人の川田順は、匂いの高いミュウズに陶酔しつくした。大正七年（一九一八）に歌集『伎芸天』をだした。昭和三十一年（一九五六）には『木蘭物語』を上演するなどして、伎芸天への陶酔ぶりはきつい。

秋篠寺のこの伎芸天は、光のとぼしいお堂のなかで、エレガントな髪に、ほのかな朱色をのこして、ミス・天女といいたいほど美しい。なんでも、万物創造の主・摩《ま》醯首羅《けいしゅら》天《てん》の頭上からお生まれになった、という天女。

古来、仰ぐ人拝む人を恍惚《こうこつ》の世界へと誘いつづけた。わたしは、ずうっとまえから、この伎芸天のコピーを書斎の壁にかけている。その隣には、モジリアニの首のながい女の絵をかけている。

だから、仕事をしているときは、いつも伎芸天とモジリアニの女に見おろされているのである。仕事にゆきづまっては、仰いで、気分の落ちこんだときは、仰いで、まるで薬をのんだときのような気にさせられている。ありがたいことだ。

さて、あの川田順は、昭和三十一年（一九五六）には、とうとうこの秋篠の寺に、たまりかねて文学碑をたてた。

諸々の　み佛の中の　伎芸天
何のえにしそ　われを見たまふ　順

と、慕いぶりもしきりであった。

その碑は、小さい。とても小さい。そしてさりげなく、本堂の西の雑木の木かげで、いかにもうっとりと立っている。

文学碑というのは、こういう風情でなくてはならん。仏さんのように台座の上ですわっていたり、高いところから見おろしていたり、いばっているのを、わたしは好まない。

女房の作ってくれた弁当をもって、わたしはなんど、この碑のかたわらに坐ったことやら。こちらも、うっとりしてしまうのが、たまらないのである。

川田順は、西行の墓のある弘川寺《ひろかわでら》にも、文学碑をたてているのだが、こちらは、西行の歌をかいて、その傍に〈西行上人東国行脚の詠〉とか、〈芸術院会員〉とか〈謹書〉とか、目ざわりになる文字が多すぎて、文学的心情の伝わりがにぶい。書にも吐息《といき》のためらいがある。

これにくらべて、秋篠の碑は、青葉のゆれる季節でも、落ち葉の散って舞う季節でも、美しいこと抜群で、ひとにもの想わせてくれるのだ。

いつだったか。わたしがNHKテレビの収録をしていた日、ひょっこり川田順の奥さんがNHKのスタジオへきてくれた。

想い出話をしているうちに、話は秋篠寺の木かげの碑へとおよんだ。川田順の奥さんは、

「川田も、あの碑はずいぶん気に入っていたようなんです。ときどき、思いだしたように、秋篠の伎芸天や碑のことを、しゃべってましたわよ」

わたしは、なんのはずみだったのか。弘川寺の碑のことをしゃべってしまった。あの碑は、秋篠の碑にくらべると、わたしは、もうひとつ、よいとはいえないのですが。と、しまったと思いながら言ってしまったんだ。

すると、奥さんは、

「そうなんよ。川田はあの碑（弘川寺の）が気に入らない、といって、除幕式にも、行かなかったんです」

と、聞いて、わたしはほっとした。

はじめての著作、『野の書』の初版本のころの表紙。その本の表紙を飾ったのがこの写真。今では今様民家の軒下に立つ

文学碑。それもおなじ作家の碑であっても、できのよいのとよくないものがある。好きでたまらん、というのもあれば、嫌《いや》でたまらん、というのもあるのだな、と思った。

わたしのかいた本は、いま（平成十二年）九十三冊になった。そのなかで、いちばん最初の本は、『野の書』（創元社・昭和四十年）だった。野を歩いて、であった道しるべ・文学碑・看板・扁額・石碑などに、かかれたり彫られたりした文字のよしあしをかいたエッセイだ。写真と文で語りつづけた本である。

その本の、表紙にのせたのが、西の京の風景であった。思い出してもなつかしい写真である。秋篠寺から歩いて南へゆくと、堀をめぐらせた杜《もり》につきあたる。ものしずかなたたずまいは、垂仁天皇陵である。

写真は、その手前にある石標と野道。左手に垂仁陵の杜がみえ、籠《かご》をかついだ農家の主婦が歩いている。路傍にかたむいて立っているのが、垂仁陵と安康陵への道しるべ。彼方に生駒の山がねそべっている。

この、とてものどかな風景で、わたしは『野の書』の表紙をかざることにした。誰が散歩しても、この西の京のあたりは、気分がよい。

あの陶芸家・松田正柏のところでかいたように、志賀直哉の日記にも、

……垂仁陵から西の京へ行く。塩せんべいを百姓家にて求め……

なかよく並ぶ道しるべ。ところがこの一つは持ち去られて今はない。どこにどうしているのか

と、いかにもおだやか。そして、のどか。であった。わたしも、このあたりの自然と人工の溶けあった風光が好きだった。

垂仁陵のすぐ北がわの畑には、道標が二つ、頬をすりあわせて立っていた。一つには「すぐなら」と彫ってあり、もう一つには「唐招提寺」と彫ってあった。

すぐなら、というけれど、ここから奈良へは、まだ十キロメートルもあるところ。歩いて十キロを、すぐというのだから、江戸のころの人人の、距離や時間にたいするおおらかさが、頬ずりの道標にあらわれてうれしい。

一秒二秒すら待てずに、信号を無視してとび出したがる現代の人人に、拝んでいただきたい道標といってもよい。

ところで、この二つならんで仲よく立って

野の風景にふさわしいこの素朴な碑。ちょっと傾いてにゅっと立っていたが、これもいま、どうしているかはわからない

いた道標の一つが、いつのまにか、持ち去られてしまった。盗賊は誰なのか。そんなのわかるはずはない。

おそらく、盗まれた道標は、いまごろ、都会のど真中の、豪勢なネオンの料亭の庭で、ものうげに立っているにちがいない、とわたしは思ってしまう。

そして、路傍の垂仁陵のあたりには、びっしり家が建ちならび、あの垂仁天皇陵の碑は、今様民家の軒かげで、息をひそめているのである。現代とは、そういう時代なのだろう。ほかにもわたしの懐しい風景は、この西の京に、いっぱいあった。

そのなかの一つ。唐招提寺の杜の西、近鉄電車の線路をこえて、すこうし小高い丘の上に、「大界外相」と彫った石標が立っていた。

丘は、草地ばかりではなく、畑もあった。昔は、寺領だったのだろう。でなくては「大界外相」が立っていることはない。

丘には細い野道があった。わたしはこのあたりが、とても好きだった。春はナノハナ、秋はラッキョウの花を相手に、立っている古い石。

石の字は、しっかりした楷書《かいしょ》の文字で、やや整いすぎて魅惑に乏しいな、と思った。が、それが素朴で、かえって野の風景にはふさわしい——と、思いなおした。うますぎてもよくないのよなあ。

わたしが、『野の書』にのせた写真を撮ったのは、そろそろ夕暮れがくるころだった。碑の文字は、西を向いている。わたしは、土手に腰をおろして、この文字が夕日を浴びるのを待つことにした。

電車やバスを待つのは、あまり好きではないわたしだが、日がかたむくのを待つのは楽しかった。

一時間ぐらい待った、と思う。ゆるゆると夕日を浴びる碑の姿。わたしは、いいしれぬ美しさを感じながら、シャッターをおしていた。

できた写真は、いい顔をしていた。唐招提寺に背を向けて、草のなかからにゅっと立つ碑は、ちょっとだけ南へかたむいて、いまも瞼《まぶた》にのこる風姿であった。

それがいま、どうしているかは、わからない。

大和の空海

歴史には、謎《なぞ》が多い。歴史が古ければ古いほど謎だらけ、といってよい。

歴史をいろどる人物にも、また謎が多い。たとえば、空海。空海は千年昔の人である。が、この人ほど、学問や小説で語られる人はすくない。謎は、つぎつぎと解きほぐされているけれど。

真言密教の開祖だから、かなりカリスマ的に、真言宗では仰がれ語られつづけてもいる。あるいは、司馬遼太郎や陳舜臣らの小説で、そのカリスマ性もふくめて綴られた。

わたしは、真言宗の家に生まれたので、小さいときから〝おだいっさん（お大師さん）、おだいっさん〟で育てられた。婆《ばあ》さんは、いいことすればの褒め言葉は「おだいっさんの、おかげや……」だった。わるいことをすれば「こら、おだいっさんの罰《ばち》があたるぞ。いいかげんにせんか」といいつづけた。

お大師さんは、いうまでもなく空海のことである。「おかげや」も「罰があたる」も、因果応報のめぐりあわせ、を強調して、勧善懲悪を子供のなかに植えつけようとする教育の方便であった。

長じて、わたしはこの空海にも、さまざまの謎がある、と思うようになる。

空海は、私度僧《しどそう》として唐へ渡った。私度僧は、官の許しを得ずに、ひそかに得度《とくど》して僧になった僧のこと。だから有力なスポンサーはなく、身分もひくい。

最澄は、唐へ渡るとき、堂堂たる官費留学僧であった。桓武帝に気に入られていたので、通訳つきで、旅費もたっぷりもらって中国へ渡った。空海にくらべると、えらいちがいや。とてもめぐまれていたといってよい。

パスポートは、最澄は二年。空海は二十年。二十年帰ってこられん、というのはどういうことか。なんで十八年の差があるのか。この謎は、桓武政府の空海にたいするいじめ、と思えば解けてくる。

政府は、空海が私度僧ゆえに、そうそう金は持ってない。二十年としておけば、唐へ渡ったきり、帰ってはこない、と考えていた、と思う。

ところが、政府のおもわくとちがった。空海は、長安（いまの西安）で密教の祖・恵果から、密教の教えや教典や秘具など、ごっそりかかえて帰ってきた。それが、まだ唐へ渡って二年ほどだった。

そのかげにある謎は、空海は私度僧であるにもかかわらず、長安で目もくらむほどの大金《おおがね》を、使っているではないか。

私度僧が、ではどうしてそんな大金を握って唐へ渡ったのか。わたしはこのミステリーに目をむけた。空海を語る本は、じつに多いけれど、かつて誰もこのミステリーを解こうとしていない。

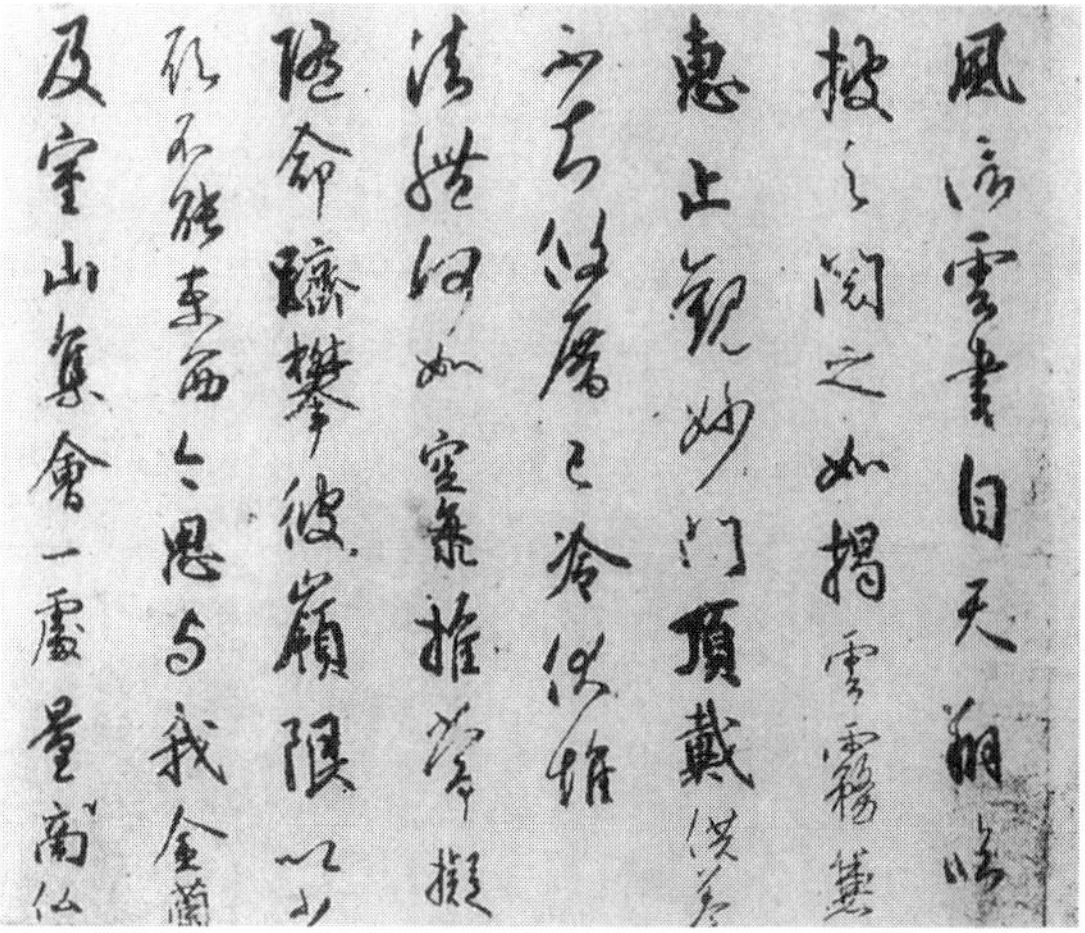

「写真うつりのいい書」空海の有名な「風信帖」(東寺所蔵)

わたしは、伊賀上野に住んでいる。東へゆけば、伊勢の松阪。西へゆけば、大和の国。その松阪と大和に、このミステリーを解くかぎがある、とにらんだ。

なぜならば、松阪の近くに丹生大師《にうだいし》という寺があり、大和には丹生都姫《にうづひめ》というのがいて、のちに高野山の一隅に祀られた。

丹生というのは、水銀のことである。だから、丹生大師を言いかえると〈水銀空海〉となる。丹生都姫は〈ミス・水銀〉なのである。

空海は、高野山を真言密教の砦《とりで》としたとき、丹生都姫をつれて上った。だからいまでも、高野山のセンターの一隅に、小さな鳥居をたてて、〈ミス・水銀〉は祀られている。

わたしは、この水銀空海とミス・水銀をむすびつけると、空海の長安における大金の出所《でどこ》が浮かびあがる、と考えた。

が、空海のにぎった砂金のことなんて、史実として論証する史料はなにもない。だから論文調はだめ。ならば、エッセイにしてかくか。エッセイは、わたしのいちばん書きやすい分野だが、それにしても資料はない。

あげくのはて、わたしは小説として仕立てなくては、空海と砂金の話は、とても駄目だな、という結論に達した。

小説なんて書いたことのないものである。かつて、作家の田辺聖子に言われた。莫山は——小説なんてのに手をよごしてはならん。すてきなエッセイをかきつづけよ——と。

でも、小説にしなくては、空海はとうていかけないぞ、と、わたしはわたしに言いきかせた。さいわい、美術公論社の石坂社長に「空海をかけ」と言われていた。論文でもエッセイでも、小説でも、文のスタイルは問わない、と石坂さんはわたしにまかせる、といってくれていた。

わたしは、いくぶんひらきなおって、かきはじめた。かきはじめは、どこからがよいか。空海の謎の空白時代からがよさそうである。そこで、わたしの小説〝空海書韻《しょいん》〟は、はじまった。

水銀の鉱山《やま》

吉野の水もぬるみだした三月のなかば。空海は「伊勢の丹生《にゅう》へ行こう」と、思いたっていた。

せっかく入った大学をとびだし、吉野の比蘇山《ひそやま》へひそんでしばらく、空海の夢と野心は、明けても暮れても伊勢を向いていた。

丹生は、大和にも紀州にも、そして伊勢にもある水銀の鉱山《やま》である。なかでも伊勢からでる水銀は、奈良朝このかた質のよさで知れわたっていた。水銀ブローカーも暗躍するその伊勢を知らねば、水銀の謎はつかめぬ、と空海はなかば信仰的とも思えるほどの夢を抱いていたのである。

空海が身をよせる比蘇山の堂守りは、「伊勢なんて近いもんや」という。菜摘《なづみ》の里から高見川にそって、東へ東へ山をのぼれば、高見山の峠へたどりつく。峠の向こうはもう伊勢で、こんどは櫛田川《くしだがわ》にそって下れば、川のほとりに丹生がある、というのだ。

山道は十五里。足に自信のある空海は、一日歩けばたどりつく、と思っていた。

その朝、空海は夜明けまえに目がさめた。背に負う荷は、竹の皮につつんだにぎり飯十個と肌着の替えと野宿にそなえての菰《こも》一枚だ。外にでると東の空は、わずかにほんのり白

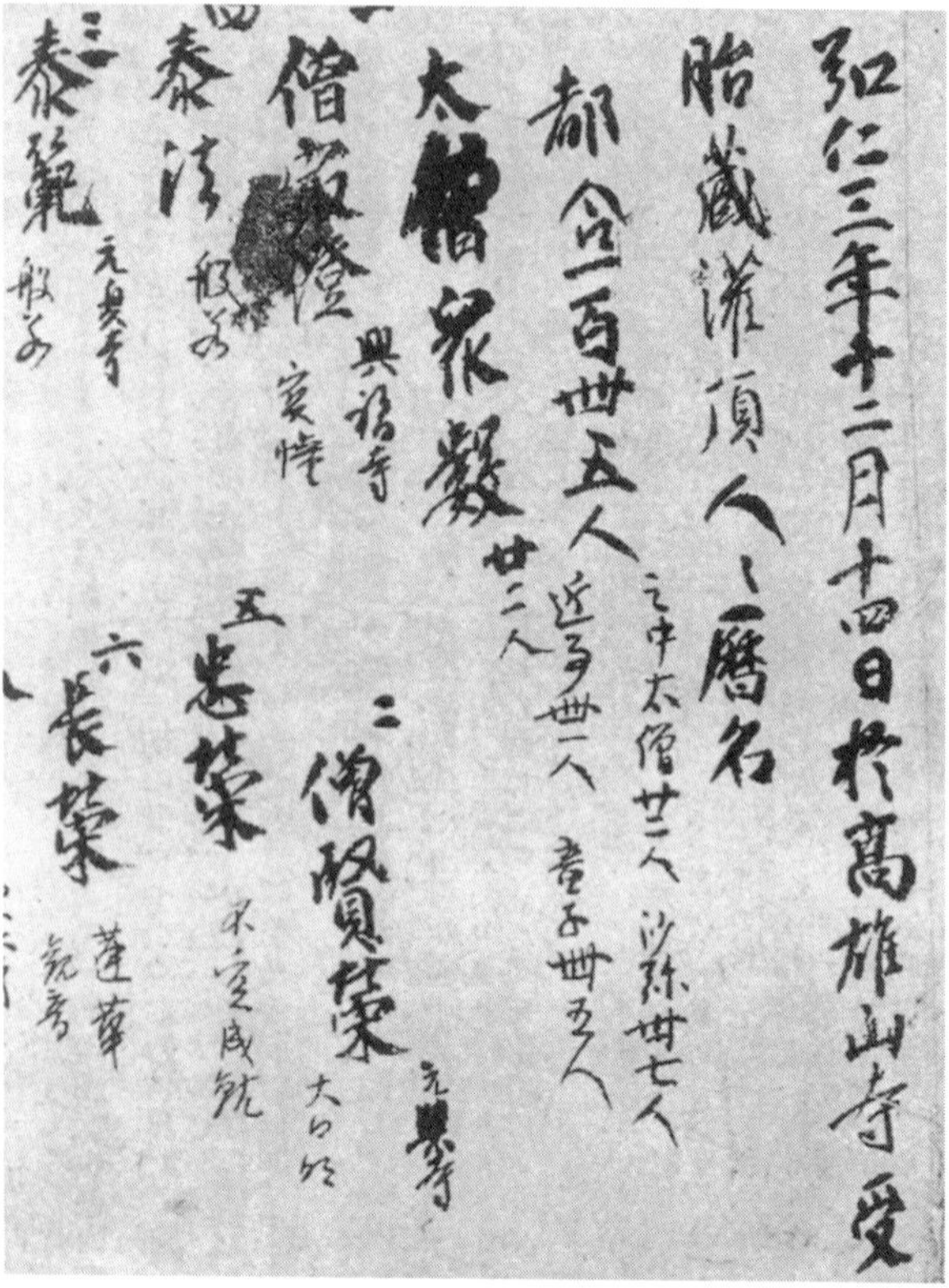
弘仁三年十二月十四日於高雄山寺受
胎蔵灌頂人々暦名
都合一百卌五人
太僧衆数廿二人

迫力あふれる「灌頂暦名」(神護寺所蔵)

みはじめていた。

二里ほど歩いて菜摘の里で、右か左か行く手に迷った。人影はない。空海は困った。

「あびらうんけん、あびらうんけん」

空海はひとりつぶやいた。大日如来の呪文を唱えながら、じっと川の瀬音をきいていた。

小さな音がする。あれは、人の歩く音か、と空海は耳をそばだてた。「ありがたい」。足音は近づいて、山かげから若い娘があらわれた。

「ええあんばいに、お逢いできた。高見峠への道はいずれに」

娘は、きれいな眉をひそめて、

「高見を越えて、何処へ行きなさる」

「水銀の里へのう」

「おまはん、水銀の商人《あきんど》か」

「いや、いや」

空海は太い首をふった。

「なら、修験者かい」

「まあ、のう」

「わかった。わいについといで」

娘は行手を右にとり、歩きだした。足は早い。驚くほど早い。歩きながら、

「おまはん、丹薬《たんやく》の商いをするんか」

と娘は問いかけた。空海は「は、は、はあっ」

と、笑い声をかえした。

娘のいう丹薬は、水銀で造った仙人の薬である。解毒によくきく薬なので、修験者たちも競って造り服用していた。なかにはそれを商いして、金もうけをしているやつもいるらしい。

二人は山道を登りつづけた。しだいに、谷も川も痩《や》せ、ときおりカケスが鳴いて飛ぶ。勾配のきつい山道というのに、娘の足は相かわらず早い。山の娘はすごい、と空海は思う。都にはこんな娘はいなかった。この娘も、丹生へゆくのにちがいない。いったいこの娘は何者なのか。それにしても、話しぶりといい軀《からだ》つきといい、ずいぶんめりはりのきいた娘だ、とも思う。

「おまはん、いったい誰なんや」

娘は歩きながら問いかけてきた。

「わしは、名を空海という」

「ええっ。クウカイ」

小説『空海書韻』。中国でも『空海情』の題で出版された

「そうよ。空と海でクウカイさ」

「そうけ。空と海とはなあ」

といったきり、娘はだまって歩きつづける。

しばらくして、

「おまはんの名、えろうあつかましい名やのう」

娘は、ぐさっと空海の虚をついた。空海自身、この名を思いついたとき、すこしあつかましいかも、と思ったものだ。が、いまにこの名のように天地宇宙をかかえこむような人間になる、ときめてかかっている。そのためには、夢も野心も大きくなくては、と自分で自分の尻をたたいているのだ。

なん時《とき》歩いたことだろう。肌はじんわり汗ばんできた。汗をさけて、昨夜から湯水をとっていない。これは吉野へやってきて、修験者の話をきいた〈野ゆき山ゆき〉のこつである。

峠で、二人は腰をおろした。菰は娘に敷いてやった。見晴らしのよい峠である。

と、だらだら小説ははじまった。

道中、娘の名は〝丹生都姫〟だとわかった。これから伊勢の水銀座へゆくのだという。空海は、おそらくこの娘の親は、水銀座の顔役だろうと、想像しながら娘との出逢いをかみしめていた。

伊勢の丹生には、水銀にかかわる人人が集まり、誰言うとなく〈丹生千軒〉と呼んでいた。

その時期、水銀は鍍金の立役者だった。奈良の大仏を造るとき、なんと五万八千六百余両の水銀を使った。両は量目の単位で、一両は四匁《もんめ》である。

現在でも、中国の西冷印社が造る印泥《いんでい》（印肉）は、一両なんぼの単位で売られている。印泥もまた水銀で造られているのである。

朱は水銀から造られ、丹薬も水銀から、顔料の白粉《おしろい》を造るのにも水銀がいる。

魔性を秘めた水銀というものに、魅かれつづけてきた空海は、ラッキーなことに水銀とかかわる娘と出逢った。なんとなく、大和へやってきて、娘との奇遇に、渡唐の夢はふくらんだ。

その日、娘と鉱山へ出かけた。

丹生千軒とは聞いてきたが、水銀の里は人と屋並《やなみ》であふれていた。大和の丹生もあちこち見たが、こんな賑やかさはなかった。

里をはずれて山に入った。道はしだいに細くなり、イタチの道かと思いつつ、草木を分けて林をくぐる。道は、鉱山への近道であるらしい。雑木をわたる風にまじって、ふと異様な匂いがする。

「硫黄《いおう》の匂いよ」

と、すかさず娘。

『続日本紀』によれば、文武二年（六九八）九月の条に「伊勢國献朱沙・雄黄」とある。朱沙は丹砂《たんさ》ともいわれ、水銀と硫黄との化合物だ。そのころ大和の修験者・役小角《えんのおづぬ》は伊豆へ流されている。小角は妖術を使って世人を惑わしていたからというが、水銀とかかわりすぎたからかも知れない。

さらに和銅六年（七一三）五月の条には「令献伊勢水銀」とある。女帝・元明が、都を奈良へ移してまもないころで、都は水銀をのどから手がでるほど欲しかった。

そして百年。いま空海は、水銀への夢をふくらませて、伊勢の丹生の山にいる。水銀をうまく手にすれば、唐へゆくのも夢ではない、とひそかに想いをめぐらせていた。

「見い。あの穴の奥から、丹砂がでてくる」

娘の指さす粗末な穴から、男がでてきた。ぼろい布を身にまとい、大きな竹の畚《ふご》をひきずっている。男のあご髭はちらほら白い。六十をすぎたと思われるその男は、娘をみるなり首にまいた手拭をはずし、深深と頭をさげた。畚には、ほんのり赤い丹砂の塊《かたまり》が盛られていた。

「なんとして、姫がここへ」

と、怪訝《けげん》な顔して問いかけた。

「昨日《きのう》、菜摘でこの修験者と出逢ってのう。連れて今日は鉱山を見にきた」

「さいでごわすか」

「このごろ、丹砂の出ぐあいは」

「ここんとこ、ええあんばいで」

男はそういいながら、また深深と頭をさげた。二人のやりとりを聞いていた空海は、姫とよばれるこの娘は、鉱山の主《あるじ》の娘かも、と思った。いや、水銀の取引をする集団の頭《かしら》の娘かも、とも思いながら空海は、なにか気運の到来を予感していた。

空海の予感どおり、ことは好ましく進展した。娘の父は、吉野に住んでいて、大和水銀集団の長《おさ》だった。

名は、丹生祝《にうのはふり》。

この丹生祝は、空海が気にいっていた。祝の娘・丹生都姫は、空海が好きだった。

そのころ、大台山の麓から吉野・紀伊・四国にかけて、この丹生祝のような大物のダラーがいた。土豪的な大経営者（ボス）たちは、のちに水軍とよばれる海賊のボスたちと手をくんで、朝鮮半島や中国大陸との交易をひろめていた。

丹生祝が空海のスポンサーとして、空海にたまげるほどの砂金をあたえた。ようやく空海は、延暦二十三年（八〇四）の春さき、「求法ノタメニ唐へ渡レ」という勅許をもらった。

唐へ渡ろう、と思いたってから、かれこれ十年。空海はすでに、通訳なしでも中国の人と、ぺらぺらしゃべりまくれるほど、中国語を身につけていた。

唐へ渡った空海は、長安で密教の師・恵果から、真言密教の秘法をさずけられた。

が、二十年のパスポートをきられながら、恵果は密教の秘法も秘具も、すっかり空海に与えた。

たったの二年あまり。恵果が死んで、空海の長安滞在は、その意味を失った。空海は、日本へ帰ろう、と考え、じっさい日本へ帰ってしまった。

しかし、すぐ京へ上ろうとはしなかった。しなかった、というよりも、京へ上れなかったのかもしれない。

九州の太宰府でしばらく、そして泉州の槇《まき》ノ尾《お》山に入った。わたしは、空海の京入りを桓武政府は拒絶した、と思う。

空海の槇ノ尾山入りを、もっともよろこんだのは、大和の南都仏教であった。都が京へ移ってから、南都（奈良）は日に日に落ちぶれていた。

そこへ唐帰りの空海は、大和の久米寺で、大講演会をひらいた。泊りがけで来る人、夜道を歩いて来る人。久米寺は、人人であふれかえった。その話に、人人は驚いた。


「なんじゃ。死んでも仏になれん、と聞いてたが、生きとって、仏になれるとはのう」

「ありゃ、唐国《からくに》のことじゃろ」

「いや、いや。百姓どもでも、仏になれると、いうんじゃ。有難い話じゃのう」

「そりゃおまえ、仏さん拝んで、拝んで、拝みたおさんと、なれんやろが」

「村のやつらはのう、おまえのカカアは仏みたいじゃって言うとるが、もう仏になっとるんとちゃうか」

「あほ、ぬかせ。カカアは生きとる、生きとる」

「生きたまま、仏になっとるんやないけ」

「もうっ。いらんことぬかすな。ほんなこったら、おらぁ、毎晩、仏抱いて寝とるんけ」


その日の話は、百姓どもにとっては、いささかむずかしかった。が、話題性は抜群で、久米寺セレモニーの話は、その日のうちに野をわたり、峠をこえて広まっていった。

男も女も、三人集まれば話がとび交った。

——えらい坊《ぼ》さんも、いたもんや。

——まだ、三十四というのけ。

——田作《でんさく》とこのカカアは、もう仏さんけ。

——わしゃ、のう。隣の与作《よさく》と槇ノ尾山へ詣ってくるわ。おまえも、どや。

——あの坊さん、龍門岳へ寺たててくれんかのう。

などなど、てんでばらばらの空海談義は、勝手気儘《きまま》に広がりつづける。

が、それにもまして衝撃を与えたのは、南都北嶺の諸仏教に対してであった。空海は、この講演談義のなかで、三密加持の秘法を語り、即身成仏の深奥をのべただけではなかった。

話は、生と死をどう見つめるか、という人間にとってはなはだ重大なテーマを持ちだした。かつて仏教は、どちらかといえば死のほうに重みをかけていた。だから苦悩がつねに人人のまえに立ちはだかった。死の凝視というのは暗く、そして冷たい。

しかしながら——と、空海は語調をつよめて、密教は「生のほうに重みをかける」と言い放った。宗教は暗くてはいけない、とも言った。わが大日如来は光明のシンボルではないか。真言密教は、だから明るく暖かくなくてはならぬ、と人人の心をくすぐりながら、熱っぽい話はつづく。誰一人、席を立つ者もなく、いまごろ二人、三人とやってくる人もいる。境内はもう、あふれんばかりの人ごみである。

「ところで、わたしの密教には、ひじょうに美しい二つのマンダラ（曼荼羅）があるんです。マンダラちゅうのは、もろもろの仏さんの悟りの世界を、神秘的ともいうべき形にしたもんや。二つ、ちゅうのは、金剛界マンダラと胎蔵界マンダラの二つ。この二つによって、光明をうけた生の世界が、燦燦《さんさん》とかがやきだすんです。この二つをかいつまんで言うならば、金剛界は男性の象徴だし、胎蔵界は女性の胎内——つまり、子宮そのものの象徴だ。いいかえれば、母なる大地といってもよい……」

空海の話は、大和から京へとひろがった。やがて桓武が死んで、嵯峨が帝位についた。嵯峨は、空海にほれた。空海から長安の話をきくのが、なによりも楽しかった。空海は、許されて京へ上ってから、高雄山寺に住んでいた。

高野に寺を、と空海の想いはつよまった。空海は、吉野にいる姫のもとへもいきたいし、高野へものぼりたい。

姫は、父の志をうけついで、日夜をわかたず働いていた。吉野川を支配する水運集団をとりしきり、水銀の鉱山《やま》を経営しつづけて、誰一人口だしできぬ女ボスの座をしめていた。

姫の家にいるとき、なぜか空海の身も心もゆったりした。ときどき墨をすって、書をかく。

墨を磨っている空海に、茶をもってきた姫が、その下書きをみて、

「なんじゃこれ。おかしな字ィやないけ。これでも、ええ字ィなんかいな」

と、つぶやいた。じじつ、空海の字は、どの字もこの字もグロテスクな眼指《まなざし》で、姫をみつめていたのである。

「碑ィちゅうのはなあ、記念の飾りものや。飾りもんには飾りもんにふさわしい字があるんさ。ちょっと理屈くさい字ィやがのう……」

と、言いながら、空海は姫の目をみて笑いかけた。部屋には、もういや、というほど墨の香りがただよっていた。


空海は、座敷でへんな字をかいているか——。姫は馬に乗って、川にそうて走っている。夕餉《ゆうげ》、空海に食わせるうまい川魚を、菜摘《なづみ》の川原までもらいにゆくのだ。漁師の苫屋《とまや》は川原にあって、魚はもう焼いてくれているはずだ。

むかし、空海が長安より帰ってまもなく、姫のところへやってきて、この漁師に出会った。漁師は、吉野の川筋きっての名人といわれていたが、名はなかった。里人は、こらやんと呼んだり、うおやんと呼んだりしていた。

空海は、「そりゃまずいよ。わしが名をつけてやる」といって、思案のはてに漁師の名を〝莫《もう》やん〟と決めてやった。

姫を背にのせ、馬は走った。姫は、父が死んだあと、あちこちの往来に便利なので、馬を手に入れたのだ。馬に〝丹《たん》〟と名をつけて、もうすっかり姫の馬になりきっていた。丹は、言うことをよくきいて賢い。

馬の背で、姫は髪をなびかせながら、ほんのひと走りで菜摘の川原に到着した。莫やんは苫屋近くの川原で、魚を焼いていた。走る馬の蹄《ひづめ》の音を聞きつけて、頭に巻いていた手拭をはずして、姫を迎えた。

「きょうは、ええのがよう捕れた。アマゴもアユも、ヤマメもあるわ。そや、そや。ちっちゃなウナギも焼いたある」

莫やんは、魚を捕るのも名人なら、その川魚を焼くのも名人である。竹の小串に魚をさし、焚き火であぶって焼くのがうまい。

「今日はな、みんなもろうて帰るわ」

焼いた魚を籠《かご》に入れ、姫はふたたび丹を走らせて家へと向かった。畑仕事を終えて帰ってきた作男らに、馬を馬小屋へはこばせて、姫は家に入った。

「書くのは明日にするか」

と、背をのばした空海が庭を眺めていると、馬の足音がして、しだいに遠のいていった。

姫は、いつも活気に充ちた暮らしじゃわい――と、空海は遠のく蹄の音を追いながら、思っていた。

いつものように夕餉の食事には、莫やんの焼魚がついていた。ヤマメはまだ小さいが、うまい。姫の作った味噌が、ヤマメの味をひきたてている。

「あいかわらず、うまい。莫やんは、いくつになってるかのう」

「莫やん、いくつやろ。ひげは真っ白やけど、あの人まだ若いと思うわ」

莫やん自身、自分の歳を知らない。川魚を捕りながらの河原暮らしに、歳は関係ないらしい。姫にわかるはずがない、というものである。

あくる日も、暖かい日であった。

空海は、端座して机に向かい、墨をすっていた。墨は、中国で求めた黴州《きしゆう》生まれのいい墨である。

「ああ、ええ匂いする」

といって入ってきた姫は、空海に茶をさしだして、傍へ座った。

「今日は、何かくのやって」

「崔瑗というえらい人の座右の銘や」

「そうやった。そうやった。去年教えてくれたのう。それ、なんとかかくんけ」

「けっこう長いがのう。はじめのほうは、ええかァ。〈人ノ短《タン》ヲ道《イ》ウコト無《ナ》カレ。己《オノレ》ノ長ヲ説クコト無カレ……〉と、はじまるんじゃ」

「ひえーえ。それならわたしにもわかる。人の悪口は言うな、おのれの自慢はすな、やろう。それをこれからかくのか」

「そうじゃ」

「ははァん。空海はよう悪口を言うとったからのう」

「あほ言うな。あれはみんな宗教的論争というものじゃ」

「そうけ。そう言や、仏の教え仏の教え、ばっかりやった。あいつらはあかん、こいつらもあかん、ばっかりやったがのう」

「そうじゃ。だがのう、もうこれからはその宗教的論争も、することはあるまい。おれは、しずかになろう、と考えとるんじゃ」

「しずかなほうがええ、と思うわ」

「そう思うてくれるか。姫。お父《とう》の墓へ詣ってこうか。字ィは帰ってからかく」

「うれしい」

二人は、近くの小高い丘にある祝《はふり》の墓へ、肩をならべて歩きはじめた。


ここで、わたしの小説〈空海書韻〉は終っている。

これから先は、空海の高野山時代となる。高野山のセンターに、空海は姫（丹生都姫）を連れてあがった。小さな祠をたてて、姫を祀った。

いまも、ミス・水銀は、空海とともに高野山にいる。

思うに、空海の大和時代は、空海にとって、いちばん人間的な懐しい時代であった、にちがいない。

東大生の海亜

大和は、仏の国。いちはやく仏教をかかえこんで、千余年。ひたすら仏をまもってきた。寺は多いし、僧も多い。名刹は、あまた。僧もたくさん。語るに、ことをかかない。これぞ、大和燦燦《さんさん》といってよい。わたしは、この大和が好きである。

たくさんの僧の知遇をえて、わたしの大和は日に日にふくらんだ。

「莫山。こんど奈良へきたら、寄ってほしいのや。相談したいことがあってな」

「いそぎますか」

「いや。そういそぐ話でもない」

東大寺の上司海雲《かみつかさかいうん》から、そんな電話があったのは、昭和四十六年か、七年か。上司海雲は管長だった。

大仏殿の雨漏《あまも》りが、いよいよひどくなって、大修理をしなくてはならん。上司海雲は、その大修理を決意していた。

東大寺には、大仏殿をめぐるジンクスがある。というのは、「大仏殿をいらった管長は、死ぬ」と、いう、とてつもないジンクスである。

じっさい、江戸のころも明治のころも、大仏殿の大きな修理をした管長は、死んでいる。ジンクスは、その事実をもとに語りつがれてきた。ひそひそと語られている。

上司海雲は、そのジンクスを知りながら、「わしがやらんと、誰がやる」との想いを胸に秘めていたにちがいない。ところが、その大仏殿の大修理には、莫大な金がいる。東大寺には、そんな金のストックはなかった。いちから金の算段をして、はじめなくてはならん。海雲は、国からもらえる金をたのんだが、とても足らん。

わたしが呼ばれて、東大寺の海雲の住む観音院へでかけた日、海雲の言うには、写経をしてもらって、勧進したい。そのための写経の手本を、莫山にかいてほしい——と、いうのだった。お経は、「唯心偈《ゆいしんげ》」とも「如心偈《によしんげ》」とも呼ばれる経文であった。東大寺では、百字心経とも言っている。ほんに、そのお経の文字は、たったの百字なのである。百字だけれど、中味がよい。のっけから、

心如工画師《しんによこうがし》

とはじまって、人の心をひきつける。〈心ハ工《タクミ》ナル画師ノ如ク〉。つまり、仏さまを拝む心は、画師《えかき》が絵をかくような心でなくてはならぬ、というのだ。このお経ができたころの画家は、純粋であった。ひたすら、絵をかいていた。が、いまはちがう。肩がきがほしい、名誉がほしい、と齷齪《あくせく》している。かんたんに画家の心をくらべられない。このようにあたまに、仏を拝む心をおいて、さいごには、

心造諸如来《しんぞうしよによらい》

と、むすんでいる。つまり〈心ニ諸《モロモロ》ノ如来《ニヨライ》ヲ造ル〉と、これまた泣けてくるような経文であ

る。仏を拝んで、人それぞれの心の中に、それぞれの仏を造ればよい、というではないか。つまり、あなたはあなたの胸中にあなたにふさわしい仏を造ればいいのです、とありがたい。

わたしは、お経『唯心偈』をかいた。六朝《りくちょう》風の楷書でかいて、東大寺へおさめた。

そのころ海雲は、字をかいたり絵をかいたりしていた。とても忙しい身でありながら、字をかいて肩をほぐし、絵をかいて心を洗っておられたと思う。

昭和の傑僧、上司海雲東大寺二〇五代管長。吉井勇が「壺法師」のあだ名をたてまつったほど、壺を愛でた

昭和四十五年六月三日付けの上司海雲のハガキが舞いこんでいる。さいごに、

自坊にてころび、両手の指を切りました。くだらぬ字などかくなとの、イマシメ

とっつしんでおります。

なんて、自虐《じぎゃく》の文字はとても楽しい。もちろん毛筆の字である。

やがて、大仏殿の大修理がはじまって、上司海雲は多忙をきわめた。大修理と同時に良弁《ろうべん》僧正の御遠忌もこなしておられた。記念品は、『良弁硯《ろうべんすずり》』。東大寺開山の傑僧・良弁が、身辺において愛用していた風字硯は、東大寺の宝物として現存する。

それを模作して、諸賢におわけするという記念品の箱書きを、上司海雲は、こともあろうに、自分でぜんぶ書くのだ、といいだした。

ふたの表に『良弁硯』とかいて、ふた裏には〈開山千二百年御遠忌記念　昭和四十七年十一月十六日　東大寺〉と、一枚一枚、海雲は、夜といわず昼といわず書きつづけた。

千点ほどの箱書きだから、とても疲れる。

みずからを〝破戒無慙《はかいむざん》〟とののしりながら、海雲という人は、豪壮きわまる人だった。くだらぬ字などかくなとの、イマシメなんてどこへやら。海雲は、かいてかいて、かきまくった。

が、海雲の胃が、しくしく痛みだしていた。医者は、「ポリープ、できとる。すぐ入院を」と、いって、海雲は入院させられた。でも、おとなしくベッドで寝ている和尚ではなかった。

「せっかく、できたもん（ポリープ）、とらんでも」

と、言いのこして、病院をぬけだした海雲は、治療のための病院へはもどらなんだ。

周囲の者のすすめもきかず、病《やまい》をかかえて、上司海雲の大仏殿大修理への眥《まなじり》は、尋常ではなかった。

大願発起したのに、なんで病院へ、帰るものか。おのれの命よりも、大仏殿のことが、気になったのにちがいない。なかなかできることではない。

が、大仏殿をめぐるジンクスは、上司海雲にして、遠くへ追いやることはできなんだ。大仏殿昭和大修理のさなか、昭和五十年の一月二十五日、海雲は天へ還ってしまった。

みんなは、声をつまらせたが、白いあごひげをのばしたまま、天へ還ってしまわれたのである。

死の一週間まえ、わたしは海雲を見舞った。ベッドの上の壁には、志賀直哉の写真が飾ってあった。ベッドのかたわらには、筆があった。海雲は、志賀直哉と毛筆を道づれにして、旅立ってしまったのである。

亡くなってから、一枚のセミの絵がでてきた。その絵のかたわらには、

やがてしぬ
ことをしりつつ
いきてをり

海雲印

上司海雲の絶筆。落款印は莫山作の「雲」

と添えてあった。生きているやごとぬけがらと、往生したセミが一つ。

上司海雲の住んでいた観音院は、雑木の木立ちのなかにある。冬は火鉢、夏は林の風をいれて、飄然《ひょうぜん》たる生きぶりを、つづけていた。

このセミの一生を、語るような絵のなかに、海雲はせまりくるおのれの死をとじこめていた、と思う。

字は、松煙墨の淡い青に染められて、とても出来がよい。これを諦観《ていかん》のリズムというのはやさしいが、この静かな言葉には、言葉であらわせない凄《すご》みが宿されていて、こわい。

「死は、そこまで来よった」という、海雲のひくい声が、この絶筆のタブロウから聞こえてくるから、こわいのである。

この絵は、いまK氏の手許にある。K氏は、

「わしが死んだら、莫山にやる」というのだが、わたしは「いらんわ」といっている。このセミの絵は、東大寺の宝物にすればよい、と思っている。

これをかきながら、いま、ふたたび海雲晩年の千日を思いだしている。

いかに精神のはつらつとした老僧といっても、むしばまれてゆく肉体を、だましだまして、管長としての激務に耐えぬくことは、想像を絶するほどの辛《つら》さであったにちがいない。

辛い思い出ばかりやない。海雲は、わたしが篆刻《てんこく》をするというのを、どこで聞いてきたのか、よく知っていた。

とある日、印材数個をだしてきて、

「これに、わしのハンコ、彫ってくれんか」と、いいだした。印材の石は、中国の寿山石《じゆざんせき》だったが、それほど佳い石ではなかった。どうせ、どこかの骨董屋の店先にころがっているのを、買って帰ったのだろうな、と思った。

じっと、印材を見ているわたしに、

「あかんか。その石は」

と、海雲。

「ええことないけど、彫ってみます。紙に印をおしてしまえば、どんな石か、わかりませんから」

東大寺観音院にたつ海雲の碑「三界唯一心」

で、話はきまった。

三点セットの石もあったので、
関防印には〈唯心〉。

落款印には〈壺法師〉と〈海雲〉を、彫ればいいな、とわたしは心の中で決めていたが、そこまでは言わずに、その日は「さいなら」して、帰った。

三点を彫り終えて、わたしは、もう一つだけ、彫ったれ、と思って、こんどは、〈雲〉一字だけを彫ってみた。

このセミの作品は、「書百話」の連載（毎日新聞）でもかいたし、「墨の美十選」の連載（日経新聞）でもかいた。わたしは、破戒無慙の昭和の傑僧のことをかいて、みんなに知ってもらいたい、という思いと、話をのこしておきたい、という思いが、からまっているのである。

ここで、ふと、司馬遼太郎さんのことを思いだした。司馬文学の名作といわれる『空海の風景』（中央公論社）に、海雲さんのことがでてくる。さわりのところを左にかくことにする。


そろそろ、列車でいえば徐行に入るように、この稿をおえる支度をしなければならない。

そう思っているやさき、かつてこの稿に登場してもらった東大寺の上司海雲氏が遷化された。以前、この稿の理趣経のくだりを書くときに、ふと思い立って奈良の東大寺では朝夕の看経にどういうお経がよまれているかが気になり、氏に電話をかけてみた。そのことはすでに書いたが、氏は電話口で理趣経です、といわれ、私をびっくりさせた。本来、華厳的世界の象徴である毘盧遮那仏（大仏）の前で理趣経がよまれるなどは、空海が、他宗の東大寺にのこしたまぎれもない痕跡のひとつであり、氏のさりげない返答のなかに、突如空海の息づかいを聴かされたような愕きを感じた。

二月の半ばの寒い日に、氏の本葬が、東大寺本坊で営まれた。

氏の遺影は大きな白梅の枝とわずかにひらいた花でかざられていた。会葬者が膝を詰めあって待つうち、やがて香煙のくゆるような音律でもってきこえてきたのは、理趣経が唱和される声だった。声が堂内に満ちきったとき、生前の氏の電話口での声がよみがえった。

帰路、松林の上の空は晴れていたが、一団の粉雪が奈良公園のほんのわずかな一角だけに舞っていた。冬の奈良によくある気象である。たまたま道連れになった書家の榊莫山氏が、空海の書は写真うつりがいい、といわれた。粉雪の中でのことだけに、その言葉がひどく印象的だった。

この前衛的な書家とは二十年来の交友だが、この日、出遇ったのは五年ぶりで、上司氏のひきあわせかもしれなかった。榊氏が言う。女のひとでも写真うつりのいい人があるでしょう、空海の書は実物よりも写真のほうがいい、とくに「風信帖」などそうではないでしょうか。……

さらに、氏は言う。

「それに、空海というのは最澄とちがい、書くたびに書体も書風も変えていて、どこに不変の空海が在るのか、じつにわかりにくい」

このことは古来、言われていることとはいえ、実作者の言葉だけに、おもしろかった。私はふと、不変の空海など——以下はおぼろげな感想ながら——どこにも存在しないのではないか、と思ったりした。

東大寺の海雲

いま、司馬遼太郎の文をよみかえしながら、上司海雲の本山葬の日のことがよみがえってきた。あれは、とても寒い日であった。いま、これをかいているわたしの部屋の窓の外では、粉雪が舞っている。そして、もうすぐ一月二十五日の海雲忌がやってくる。

寒い日。寒ければ寒いほど、上司海雲の追憶は深く、そしていたいほど悲しい。この人は、観音院では、いつも白い法衣をきて、にこにこほほ笑んでおられた。

が、懐には、とても大きな癇癪《かんしやく》玉をかかえていた。ときどき、腹をたてて、こわかった、という人が多い。

ここで、司馬遼太郎が「人間のゆゆしさ」という文をかいて、上司海雲をかなり鮮明に描写しているのを、写しがきしてみよう。

わたしが、ぐたぐた海雲のことをかくよりも、司馬遼太郎の文が、くっきり海雲をスケッチしているからである。この文は、『雑華厳浄』（毎日新聞社）と題して、海雲が東大寺管長に就任の記念として編まれた本から、ぬきがきした。

観音院ではスキヤキを御馳走になった。お庭のすみの苔のあたりに曝されている白い壺の肌が黄味を帯びて濡れていたような印象が残っているところをみると、この日は降ったりやんだりといった天気だったのかもしれない。頭の上に電灯がともっていて、その光が紙で覆われていた。平鉄の骨に和紙が張られていて、二月堂あたりの堂内にありそうな吊り灯籠のような形をしており、古朴で雄々しい感じがした。上司さんは西田氏としきりに話が弾んでいた。私には李朝の壺や天平の芸術について語るような知識がすこしもなく、ただ聴きいるばかりで、聴いていても当方に予備知識がすくないため、話の半分も理解できなかった。ほとんど私は喋らなかったようで、上司さんはおそらく変な若い衆を西田は連れてきたなという印象だったにちがいない。その後十数年経ってから上司さんの辱知をあらためて得たとき、私はこのときの話をしたのだが、上司さんは「ああ、ああ」とにこにこしておられたような様子であったけれども、おそらくそのときの私を憶いだせなかったのではないかと思ったりした。それほど私はこの二月堂(?)の吊り灯籠の灯影でいかにも影薄く、ひたすらに上司さんを見ていたということになる。そのときの驚きをいまもあざやかにおもいだすことができる。あとで人にもときどき話した。世の中にこれほど魅力のある人がいるのかという驚きであった。人間というものが、ただすわってにこにこしているという情景を、二十七年も人間に接してきてはじめて知った驚きである。

文中にでてくる西田氏というのは、上司海雲の学友であった西田信勝氏のことで、西田氏にさそわれて海雲さんをたずねた司馬さんは、二十七歳のときという。

そしてこの文のさいごを、

私は、上司さんを、私の二十七歳のときから二十二年間のあいだ、わずか五度ぐらいしかお会いしていない。しかし私にそういう目をひらかせてくださった人として、私の中でつねにゆゆしい人として存在しておられるのである。これは私のほうの身勝手ばなしであって、上司海雲論でもなんでもない。ご当人がこれをお読みになれば「えらいこと書いたはる」と苦笑されるだけであろう。元来、癇癪もちのひとだから憤慨なさるかもしれないが、幸いお会いする機会をめったに持てないお人だから、当方にとって癇癪玉の被害をうけることはまぬがれそうである。


と、司馬遼太郎は、うまいぐあいにむすんでいる。

わたしも、癇癪玉に逢うことはなかった。今にして思えば、一度ぐらい大きな癇癪玉に逢っておきたかった、ようにも思えてならない。

海雲の癇癪玉は、誰彼《たれかれ》いわず時も所もかまうことなく落ちてきたらしい。あの文人・會津八一とのけんかは有名だし、さきの本には、

　東大寺は、檀信徒がないためか、学徳のすぐれた人がでない。学徳どころか説教もろくにできないし、茶や花の心得すらない。


なんて、平気でかいているのだから、とてもかなわん。

そして、せっせと壺をあつめて、眺めてはよろこび、撫《な》ぜてはにたにたしていた。

そういう海雲をみて、吉井勇は、

　みほとけの次ぎには壺をよろこべる

庭や縁には、李朝の白磁から、路傍の名もない壺まで、壺をごろごろならべていた。(撮影・牧野貞之)

わが海雲は壺法師《つぼほうし》かも
古壺《ふるつぼ》をかずかず据ゑてたのしげに
海雲法師壺がたりする

と、歌っている。

ことほどさように、観音院には、庭や縁に壺がころがっていた。床には、名にしおう李朝の壺に、がさがさと花のさいた木の枝をさし、縁には、ごろごろ名もない壺をならべていた。

　この海雲が、奈良公園を歩いていたら、筵《むしろ》の上に壺や茶碗を山ほど積んで、陶器を売っている青年がいた。

海雲は、路傍にしゃがんで、青年の作った陶器をみていたが、やがて一と声。

「ぜんぶ、まとめて買《こ》うたよ。もっといで」

と、いったそうだ。いかにも海雲らしい話ではないか。

町の骨董屋へ立ち寄って、かなりの壺を見つけ、さげて帰る途中、友人の家へ立ち寄って、壺をみせ、壺をほめられ、

「なら、この壺お前にやるわ」

なんて言って、やってしまったという話もある。壺の金をはらってもいないのに、気前よくやってしまうなんて、というあきれるようなことを海雲という傑僧は、よくやらかしていたらしい。

さまざまな思い出や痛快きわまる話をのこして、海雲は天へ還った。そのあとわたしは、海雲の墓誌銘もかかされた。

東大寺の僧の墓は、山内の空海寺にまつられている。が、この墓には、奥さんは入れないそうである。

海雲の奥さんは、広島の造り酒屋からきておられた。加茂泉という酒屋で、奥さんが、奈良の女子大へきているとき、海雲が、見そめたということらしい。

そこで、広島に海雲と奥さんの墓をのこそうということになり、わたしに墓誌銘をかけ、というのだ。

除幕の日、わたしは広島へいった。

墓はとても温かい気分におおわれていた。

二上山《にじょうさん》

昭和五十六年の秋、親が死んで、故郷の家がからっぽになったので、わたしは女房と大阪をひきあげて、伊賀へ帰った。

それまで、河内の八尾で暮らしていた。ときどき、伊賀へは帰っていたが、途中に屯鶴峰《どんづるぼう》という、ちょっと変った名の山があった。

子供がまだ小さいころ、連れてこの山へ何度もやってきた。

この風変りな名の山は、白い。全山、白いのを眺めて、まるで白いツルの群がたむろしているように思った人が、屯鶴峰といったそうな。とても珍しい風景なんだ。

白いのは、凝灰岩《ぎようかいがん》が露出しているからで、どこでも、あまり見かけない奇景といってよい。凝灰岩というのは、火山灰や火山礫が、積ってかたまった岩のことであるらしい。白い山には、草も木もなかった。ただただひたすら白いのである。

その山の尾根つづきに、二上山《にじようざん》がある。二上山は、雄岳《おだけ》と雌岳《めだけ》からできていて、むかしは、火をふき煙をはいていたのだろう。その火山灰か、火山礫が降ってきて、屯鶴峰はできあがったのだろう。

雄岳と雌岳からなる二上山は、古くは〈ふたかみやま〉と呼ばれたり、〈双子《ふたご》山《やま》〉と呼ばれたり。あるいは〈尼上嶽《にじようがだけ》〉と呼ぶ時代もあったそうだ。

この山の尾根をもって、東は大和、西は河内に分かれている。つまり、奈良県と大阪府の国《くに》境《ざかい》を、この二上山の尾根はつとめているのである。

東の麓には、あの当麻曼荼羅《たいままんだら》でよく知られる当麻寺があり、西の麓には、聖徳太子が眠る叡《えい》福寺《ふくじ》があって、やってくる人は多い。

しかし、山よりもなによりも、わたしは、竹内《たけのうち》街道が好きである。

二上山の南を、竹内街道は走っている。

奈良県とか大阪府とか、まだなかったころ、竹内街道は、いうなら一級国道であった。二上山の麓のあたりは峠になっていて、竹内峠という。

仏教も漢字も、二上山を眺めながら、竹内峠をとおって、明日香へとやってきた。王仁《わに》や阿《あ》知王《ちおう》も、絵師も土師《はじ》も、この竹内峠でひと休みしてから、めざす明日香へと向っている。

峠にしげる草も木も、誰よりも早く先進王国・百濟《くだら》の話を耳にしていた、と思う。峠を下って野にでたあたりを、百濟野と呼んで、万葉人があこがれた話は、『役小角』の稿でかいておいた。

やがて都が京へうつって、ここは庶民の峠となった。王侯貴族の通ることもなく、もっぱら大和弁と河内弁が、峠を往来しつづけた。

庶民がかよえば茶店ができて、めし屋や旅籠《はたご》もあらわれて、日がな峠はにぎわった。峠のめし屋には、大和弁や河内弁の、めし盛り女もいて、旅人の疲れをいやした。

峠というのは、気分がよい。東と西に風景をわかち、人の身も心も憩わせる。峠にちかい山麓には、いつもウグイスが鳴いていた。誰言うともなく、このあたりを「ウグイスの関」と、呼ぶようになってしまった。

貞享《じょうきょう》元年（一六八四）、松尾芭蕉は、この山麓を徘徊した。旅の途中であった。ウグイスの関ちかく、竹内と名のつく里があった。竹内街道の竹内だ。

この竹内の里に、粕屋甚四郎という男がいた。江戸にでて浅草に仮寓していたらしい。芭蕉と知りあって、芭蕉はこの人のことを「朋友に信あるかな此人」といっていた。深く信頼する友であった、と思う。

芭蕉が旅にでるというのを聞いて、粕屋甚四郎は、「わしもいっぺん、竹内へ帰る。いっしょに行こか」と。二人は『甲子吟行』の旅にでた。

伊賀から吉野へ、行こうかな、と思っていた芭蕉は、すこうし廻り道になるが、竹内の粕屋甚四郎の家へ同行した。

甚四郎は、俳句もひねって千里《ちり》と号していた。何日か、滞在中の芭蕉の句がのこっている。

わた弓や琵琶になぐさむ竹のおく

久和らかに行師して
あをあをたる笹竹
のゆを

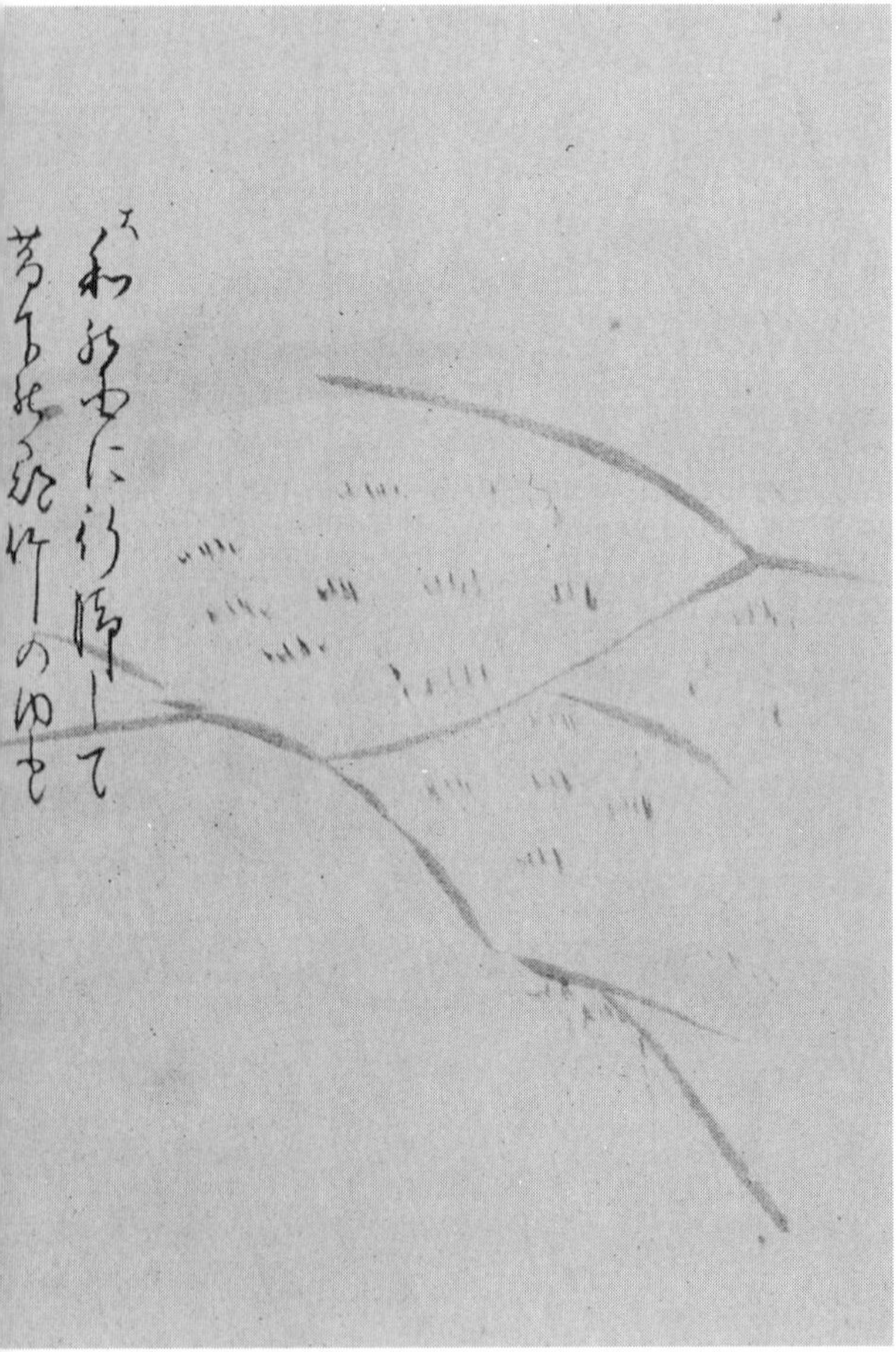

二上山

『芭蕉全図譜』（岩波書店）

という、かなり難解な句である。難解ゆえに、のちの人は、この句をめぐって、いろんなことを言っている。陶淵明の詩をひっぱりだしたり、王維の詩をひきずりだして、この句のなかにひそんでいるなんて言う人もいた。

句にあるわた弓は、綿弓のこと。綿を打って、綿をやわらかくする弓である。芭蕉が、千里の家で泊っていたとき、どこからともなく、綿を打つ綿弓の音が聞こえてきた。その音は、琵琶の音さながらの音だった。

ピンピンと聞こえるその音に、芭蕉はなんとなくもの淋しげな琵琶の音を連想して、〈わた弓や琵琶になぐさむ竹のおく〉とやった。竹のおくは、その音が竹やぶのおくのほうから聞こえてきたからだろう。

こんな説明を、くどくどしてやっと、この芭蕉の句は、なんとなくわかるようだから、この句は、けっして秀句とはいえない。いえないけれど、この句をかいた芭蕉の文字がのこっているのである。

それは、有名な芭蕉の自筆自画『甲子吟行画巻』のなかにある。絵あり文あり句あり、というぜいたくな芭蕉の筆跡がつづく巻《まき》ものの、中の一つに、

大和の国に行脚《あんぎや》して

葛下の郡竹の内と
云《いふ》處に　彼《かの》ちりが旧
里なれば　日ごろとゞ
まりて足を休む
わた弓や琵琶になぐさむ竹のおく

とある。(「芭蕉全図譜解説篇」岩波書店)。その図版篇に、絵と文と句がある。稲を刈り終えた淋しげな田んぼをスケッチして、その文と句をおいて、つづく左には、萱《かや》ぶきのそまつな家か庵か。庵の向うに紅葉した木が一木。庵のまわりには、背のひくい竹がかいてある。

芭蕉は、胸中の田んぼ、萱ぶきの庵などを想いだしながら、この画巻をかいたのだろう。何日、この竹内あたりにいたのか。村長さんに呼ばれて、ごちそうになったり、当麻寺を散歩したり、とてもゆったりした数日であったと思う。

千里とわかれた芭蕉は、そのあと吉野へ向った。一人とぼとぼの吟行であった。芭蕉四十一歳。

思うに、二上山をとりまく麓には、あれやこれやの話がこぼれおちている。わたしは、北の屯鶴峰、東の当麻寺、西の聖徳太子、南の竹内街道と竹内の里を、すうっと撫ぜるようにふれただけである。

そしてこのつづきには、二上山をかいたわたしの水墨の絵の話、二上山雌岳にたてたわたしの文学碑の話をすれば、ほぼ紙面はつきる、と思う。


昭和五十八年から九年にかけて、わたしは大和八景を、絹本にかきつづけた。その一つに『二上山』がある。

この二上山の雌岳と雄岳は、すこうしはなれすぎている。絵にするなら肩をよせあって、頬ずりしているような風情がよい。水墨画だから、いくらでも好きなようにかけばよい。

あの写真家の入江泰吉は、この山の姿に惚れて、夕暮れの妖しい空の下に、二上山が眠っている、のを時間をかけて撮っていた。妖しい夕空の色、美しく空に描きだした雲の姿を、あくこともなく入江泰吉は追いつづけたのである。

わたしの大和八景については、この本の〈室生寺余情〉で、すこしふれたように記憶する。えらんだ山は、大台ヶ原と二上山であった。

さて、雄岳と雌岳を絵にするのは、かんたんに決まった。が、山麓をどう描くか。現在の山麓は、家やビルがたち、高いところを道路が走っている。とても、わたしの絵にはむかない。

わたしの思いは、芭蕉のころがいいな、であった。しかし、庵のようなものは、絵にあわない。画面には、大きな勢いのある二上山をかきたいのだ。

山が抱く家は、あまり小さく風雅な家はいやだ。大和には、大和独特の家の姿がある。大和《やまと》棟《むね》といって、大和を中心に、河内や伊賀の地方に多くつくられた民家の、姿も絵になる形の家である。

わたしは二上山の山すそを、この大和棟の家でひきしめることにした。絹本のうえに松煙墨をおいて、乾くのを待って、墨を重ねていった。

絹本にのせた墨は、乾きがにぶい。半日とか一日、待っていなくてはならん時もある。わたしは、絵を描きさがして、大和へいったこともある。

双眼鏡をもって、二上山を眺めにいったのだ。二上山はどこからでも見える。が、場所によって、その姿はさまざまである。大阪へでるとき、近鉄電車の窓から、二上山はよく見える。

雨の日は見えず、曇る日は、かすんだり雲がかかっていたり。いいかげん気まぐれな山だな、と思う。雄岳にかくれて、雌岳が見えなくなるときもある。電車はぐるっと、二上山を廻るようにして走るのか。

あれ思い、これ思いしながら、わたしの二上山は、ほぼできあがった。さいごは、空の色をおいて、この絵はできあがるのだ。空の色をどうすればよい。わたしは、かなり迷いつづけた。

けっきょく、淡い紅色をちょっとおいて、夕暮れどきにした。大和八景をならべて、大阪と東京で展覧会をしたとき、二上山のことを知っている人は少なかった。

絵のかたわらに、

　トロイデ火山ハ
　静マリテ
　女《メ》岳《ダケ》男《オ》岳《ダケ》ヲ
　拝ム里
　尼上嶽《ニジョウガダケ》ト
　誰カ言ウ

と、讃を入れてあるのだが、このフレーズだって、見る人を納得させる力が弱い。気分は、千年むかしの気分。でも、絵に、千年の昔が宿ったか。いや、宿らなんだか、は、絵をみてくれる人の胸中にある、と思う。

　この山の東に降った雨は、たらたら流れて大和へとそそぐ。西に降った雨は、じんじん流れて河内へとそそぐ。

　平成二年のはじめ、大阪府から「二上山の山頂に、碑をたてるので、力をかせ」と、いわれ

二上山

夕暮れ時の二上山。千年むかしの気分が宿ったか。いや、宿らなんだか、は絵を見る人の心にある

た。

ああ、あの二上山になあ。と思って、返事するまえに、二上山へ登ってみた。山の麓に、釣《つり》堀《ぼり》の池が二つあり、一つはコイばかり、一つはヘラブナばかりの池だった。池はいつも、釣り人でいっぱいだった。

二上山へ登るには、この釣堀の池から、ゆるゆる小道をかきわけて、登らねばならぬ。道はほそく、急な坂道。そのうち整備して、この山の斜面一帯を、〈二上山万葉の森〉にする、というプロジェクトが、できていた。

碑は、雌岳の山頂ちかくにたてたいらしい。わたしは、ゆっくり山道をのぼった。池のあたりから、少し山へ入ったところに、古代池というのがあった。

山から湧いてくるきれいな水が、たまりたまって、詩情も美しい池である。誰でも、池をみたとたん、あの芭蕉の〈古池や蛙《かわず》とびこむ水の音〉の句を、想いだすような蒼然とした池だった。

木《こ》の間《ま》ごしに見える空の青が、池に映っていた。アメンボがすいすいと泳いでいた。

そこから、四十分ほどあえぎのぼって、山頂にたどりついた。見晴らし抜群、雑木や雑草の多い山頂だが、気に入った。碑をたてよう、という気分がでてきた。

山から帰ったわたしは、旧知の石屋・田《た》中《なか》家《や》へ電話して、相談した。平凡な碑は、いやである。
石は、大小二本たてることにした。丸い柱のような自然石をさがして、その柱をななめに切って、切り口に字を彫ってもらうことになった。
けっこう大きい石だが、「四輪駆動の車なら、山頂まで石は持ってあがれる」と、田中家の主人。なら、「字ィかいてくるわ」とわたし。
小さいほうの石には、
トロイデ火山ハ静マリテ
と、入れることにした。大きいほうの石には、
女岳男岳ヲ拝ム里
尼上嶽ト誰カ言ウ
と、彫ってもらうことにした。
このフレーズの感懐は、男岳からも女岳からも、火や煙が噴きでていたころへとさかのぼる。火山というのは、美しいけれどこわい。人人はどこにいたのか。いなかったのか。ただただ、火山というのは、神秘のかたまりみたいだったと思う。
億年兆年。人はいたにきまっている。人人は山を拝んで暮らしていたと、思う。火はおさまり、煙が消えて、万年か億年か。山はいま、山林公園になろうとしているのだ。

山では、かけ上る道を整備した。したといっても、四輪駆動の車が、ぎりぎりいっぱいの幅である。

それでも無事に、山頂ちかくに石は肩をよせあって、たてられた。とても姿の楽しげな文学碑。こんなの日本にも中国にもないよなあ、と満足しきりであった。

秋も終りの晴れた日の正午。わたしは、山へきて写真をとっていた。ら、幼稚園の元気のよい子らが、ぺちゃくちゃ、山へ登ってきた。

道がよくなって、たったの三十分できた、という。子供の足は、とても早いのだ。くるなり、「せんせ、はよ、ベント食べよ」と、碑のまわりに坐りこんだ。

わたしは、とても嬉しかった。

一年して、こんどは、麓に「もう一つ、碑をたててくれ」と、たのまれた。「山頂の碑が、とても評判なので、こんどは、古代池のあたりに」、と誘われて、わたしは現場を見にいった。

古代池のあたりは、木をはらい、空を明るくして、なんと、見かわすほどきれいになっていた。鬱蒼《うっそう》としていた池なのに、モダンな姿に生まれ変っていた。

それでも、あたりは〈古代池周辺広場〉と名付けられて、亭《ちん》がたち、腰かけがあちこちにおかれていた。

わたしは、こんどは一つの石をすえたほうがよいな、と思った。

また、田中家の主人にたのんで、こうこうしかじか、石、あるやろか、とたずねてみた。主人は、たちどころに、
「そんなら、能勢《のせ》の黒御影。どないです」
と。わたしは、石をみにいった。直径は、わたしが両手をひろげたよりも広い。
「やっぱり、これ斜めに切ってもらおか」
「さきのより、勾配《こうばい》ゆるめが、よろしやろ」
で、話はきまった。
こんどの石には、
花アルトキハ
花ニ酔ヒ
風アルトキハ
風ニ酔フ
と、彫ってもらった。かくて、ニュー・ルックの古代池広場ができあがった。
字を彫った碑の斜面は、大きな顔をして空をみつめている。――雨降れば、雨もよし、風吹けば、風もまたよし――と、ごきげんだ。
いまは、石にちょっぴり苔《こけ》がはえて、うまいぐあいに、あたりの風光に溶けあっている。

あとがき

一昨年（一九九九）の秋、わたしは大阪の髙島屋で、榊莫山展を開いていた。

ところへ、若い編集者がやってきて、「本をかけ」と言いだした。文藝春秋からでている〈文春新書〉という本を、という。

かきおろしで三百枚か三百五十枚。テーマは、まかせます、という話。わたしは、

「大和の今と昔なら」

「そうお願いいたします」

あとから思えば、いともかんたんに、わたしは引き受けていたのである。

大和なら、目をつむっていてもかける——という思いがあったかもしれない。いや、いきなり東京からやってきた編集者の、とても突然の話に、まきこまれたからかもしれぬ。

たまたま、NHKが、二〇〇一年から向う一年間に、莫山の展覧会をあちらこちらでする——という話と、文春の本の話が、ぶちあたってしまった。二つの話、どちらが先で、どちらがあとであったのか。思いだせない。

あとがき

展覧会の作品をかいたり、旧作をまとめたり。整理が苦手のわたしは、展覧会の準備にうろたえながら、原稿かきにもうろたえた。

若い編集者は、さりげなくうまいぐあいにわたしの尻をたたきつづけた。原稿がとぎれると「そろそろ次を……」とＦＡＸがとどく。原稿をとどけると「とてもいい原稿です」といって、おだててくれる。

そして、ようやくできたのは、この本のような中味である。大和は、奈良の今は昔、といってよい。かきます、と返事したときは、大和なら目をつむっていても……というのは、あてちがい。

わたしは一つかいては、取材にでかけ、二つかいては、取材にでかけをくりかえした。こういうものは、頭よりも足を使わなくては、と自分に言いきかせながら。

そして、編集者の言うままに、原稿を打ちきって本にしてもらうことにした。若い編集者に尻をたたいてもらったおかげだ、と思っている。

編集者の名は、出石詩織さん。ありがとうございました。

平成十三年二月十三日

榊　莫山

榊　莫山（さかき ばくざん）

1926年、三重県生まれ。辻本史邑に師事して書の古典を学ぶ。日本書芸院展・奎星会展で度重なる最高賞を受け、審査員に。1958年、書壇を退き、国内、海外で個展を開催。著書は、『野の書』『禅の書』『山中書話』『わたしの良寛』『大和慕情』『莫山水墨紀行　大和を歩く』『空海書韻』『文房四宝』（全四冊）『花アルトキハ花ニ酔ヒ』など九十余冊。

文春新書

158

大和《やまと》 千年《せんねん》の路《みち》

平成13年3月20日　第1刷発行

著　者　榊　莫山
発行者　東　眞史
発行所　株式会社 文藝春秋

〒102-8008　東京都千代田区紀尾井町3-23
電話（03）3265-1211（代表）

印刷所　理想社
付物印刷　大日本印刷
製本所　大口製本

定価はカバーに表示してあります。
万一、落丁・乱丁の場合は送料小社負担でお取替え致します。

ISBN4-16-660158-X

文春新書

◆経済と企業

- マネー敗戦　吉川元忠　002
- ヘッジファンド　浜田和幸　021
- 西洋の着想 東洋の着想　今北純一　037
- 企業危機管理 実戦論　田中辰巳　043
- 金融再編　加野 忠　045
- 21世紀維新　大前研一　065
- 金融行政の敗因　西村吉正　067
- 執行役員　吉田春樹　084
- プロパテント・ウォーズ　上山明博　103
- 日米中三国史　星野芳郎　104
- 文化の経済学　荒井一博　109
- インターネット取引は安全か　五味俊夫　114
- 金融工学、こんなに面白い　野口悠紀雄　123
- 自動車 合従連衡の世界　佐藤正明　125
- ネットバブル　有森 隆　133
- 投資信託を買う前に　伊藤雄一郎　137
- IT革命の虚妄　森谷正規　148
- 石油神話　藤 和彦　152

◆政治の世界

- 政官攻防史　金子仁洋　027
- 日本国憲法を考える　西 修　035
- 連立政権　草野 厚　068
- 代議士のつくられ方　朴 喆煕　088
- 日本の司法文化　佐々木知子　089
- 農林族　中村靖彦　146

◆考えるヒント

- 孤独について　中島義道　005
- 種田山頭火の死生　渡辺利夫　008
- 生き方の美学　中野孝次　018
- 性的唯幻論序説　岸田 秀　049
- 誰か「戦前」を知らないか　山本夏彦　064
- 愛国心の探求　篠沢秀夫　072
- カルトか宗教か　竹下節子　073
- あえて英語公用語論　船橋洋一　122
- 百年分を一時間で　山本夏彦　128

(2001. 1)